恐怖ファイル
不怪

最東対地

竹書房
怪談
文庫

はじめに

どうも最東対地です。

ホラー小説家としてご存じの方もいらっしゃるかもしれませんが、怪談作家としてははじめまして。

普段は小説を書いているのですが、どういうわけか怪談本を書くことになりまして……。大慌てであちこち駆けずり回って集め、なんとか一冊にまとめることができました。

せっかくの機会なので『自分が読みたいものを』と、意気込んだはいいもののはたして楽しんでいただけるだろうか？　小説とは違う期待と不安を抱き、この稿を書いています。最東対地ならではの怪談、と思っていただけたなら御の字だと思っています。

これまで書いた小説では、モンスターのような脅威がよくでてきます。大体が追いかけられて、追い詰められて、最終的にはみんな死ぬというものなのですが、これは私自身の〝恐怖観〟に起因しています。

鈴木光司『リング』に登場する貞子……といっても、ここで喩えに出すのは映画版の貞子ですが。彼女と『13日の金曜日』シリーズに登場する殺人鬼ジェイソン。どちらが怖ろしいかという議論があります。

日本だとほとんどの人が貞子と答える中、私は断然ジェイソンが怖い。そりゃホッケーマスクを被ったツナギの大男がマチェーテを持ってこちらを睨んでいたら怖ろしいですよ。瞬時に殺意を感じるし、ホッケーマスクで表情がわからないぶん意思疎通不能の絶望感もビシバシと伝わります。

Jホラーを代表する呪いのアイコンとなった今ならばまだしも、初見で貞子は怖いよりも不気味が勝るのではないでしょうか。長い黒髪が不気味な白装束の女。彼女をひと目見て「わあ殺される！」とは思いませんよね？　この違いなのだと思います。

ここにはいわゆる『Jホラーvs海外ホラー』の対立構造が隠されていて、どんなものに自分が恐怖するかがわかる質問です。呪いか殺意か。貞子が怖い派が圧倒的に多い背景には『殺人鬼より呪いが怖ろしい』という観念があり、言い方を変えれば人間より幽霊が怖いということです。

幽霊は怖い。でも幽霊は一部の視える人を除けば実在するかどうかも曖昧な存在。怪談にはそういうものが多く登場します。

ちなみに最東は視える側の人ではありません。怪談めいた体験はありますが、いずれも視たわけではなく臭いだったり音だったりと違う感覚での体験です。

言っちゃなんですが、視えない以上『幽霊を視た』という話はあんまりピンとこない＝怖いと思わないのです。となると結果、本著で採用した怪談もまたはっきりした幽霊が出てこないものがほとんどになってしまいました。

あくまで自分が怖いものを集めたわけですから、そうなるのは当然ですが。そういうわけで、怖がったり、笑ったり、それぞれの形でどうぞお楽しみください。

不怪——Contents

3 はじめに
12 死者の声
15 集まってくる本
17 お母さんを買いに行く
20 老人の部屋
23 はじめてのおるすばん
28 続・はじめてのおるすばん
32 宴もたけなわ
34 親切なこっくりさん
36 泥まみれの少女

腐る音 39
髪の毛はしつこい 41
実録怪紀行～一〇〇メートルの廃墟、世界平和大観音 43
抜歯 56
チャイルドシート 59
幽霊ホテル 62
ずるずる 65
アプリ 69
かげろかげろ 72
留守電 74
ギィ 76
手紙 80
自殺志願者が集うビル 81

外に出られない 90
民泊 93
図書館にて 96
速報 99

実録小説〜凶宅 103

絵馬 122
帰宅 125
雨宿り 131
券売機 134
中古のボイスレコーダー 137
降霊 143
遊覧船の怪 147
迷子 149

154 顔認識しない
156 お見舞い
164 隣人
170 余り
173 駅のロッカー
177 トンネルの怪人
182 忘れ物
189 夏
194 今日は番場一広さんの誕生日です
197 父の話
202 不怪
207 **コラム　心霊写真今昔**
221 おわりに

※本書に登場する人物名は、様々な事情を考慮して一部の例外を除きすべて仮名にしてあります。また、作中に登場する体験者の記憶と体験当時の世相を鑑み、極力当時の様相を再現するよう心がけています。現代においては若干耳慣れない言葉・表記が登場する場合がありますが、これらは差別・侮蔑を意図する考えに基づくものではありません。

恐怖ファイル
不怪

12

死者の声

「大学時代、変な特技を持つ友人がいたんです」

アカネさんはその変な特技を『死者と話せること』だと言った。もちろん、そんなことを言われても信じられない。それはアカネさんも同じだった。

「その子、イオリっていうんですけど……」

その能力が本当かどうか判断のしようがない。死者と話せると言われてもそうそう死体にお目にかかることなどないからだ。イオリは飲み会の席でさらっと告白したが、アカネさんが面白がって追及したところ「気味悪がられるから」とそれ以上は語りたがらなかった。

友人のそんな特技のことも忘れ、大学生活を過ごしていたある日のこと。同じ学部の友達から電話がかかってきた。ひどく動揺しており、話も支離滅裂で埒(らち)が明かない。

だがなにかただ事ではないことが起こったのだと悟ったアカネさんは急いで友達のところへ駆けつけた。

烈しく狼狽える友達のそばで一匹のトイプードルが横たわっていた。だらしなく舌を垂らし、よだれが水たまりを作っている。目には光はなく、ひと目で死んでいるとわかった。

誤ってなにかを呑み込み、喉を詰まらせたのかもしれない。泣きながら友達は説明した。見ているこちらが心配になるほど彼女は憔悴しきっていた。それほど犬を溺愛していたのかと気の毒になったアカネさんははっと思いつき、イオリを呼んだ。

事情を話すとイオリは「犬の言葉はわからないが言いたいことは大体わかる」と答え、部屋に駆けつけてくれることとなった。イオリの能力は仲間内では周知のことだった。もっとも、笑いのネタとしてだが。

信じる信じないは別として、すこしでも友達を元気づけられればと思った。

イオリは犬の死体に手をあて、声を聞くように顔に耳を近づけた。

アカネさんたちが見守る中、ゆっくりと顔を上げたイオリの表情に息を呑んだ。物凄い形相で友達を睨みつけたのだ。

突然、友達は喚きだしイオリを言葉汚く罵(ののし)ったかと思うとアカネさんともども家から追い出した。イオリはなにも語らなかったが、犬がなぜ死んだかは考えないことにした。

「だって色々、厭な想像しちゃうから……」

アカネさんは苦い顔を浮かべた。

集まってくる本

作家のウチムラから困っているという話を聞いた。

中原中也著『汚れつちまつた悲しみに……』が好きで、一度購入してからというもの、なぜだかウチムラのもとに集まってくるというのだ。どういうことか事情を聞いてみたところ、きっかけだと思われる出来事を話してくれた。

ある時、ちいさな古本屋に入ったところ『汚れつちまつた悲しみに……』を見つけたのだという。彼の書斎は本で溢れており、その本がどこに行ってしまったのかわからなくなってしまっていた。

ちょうど読み返したいと思っていたタイミングだったこともあり、重複することを承知で購入した。

「それからやたらとこの本が俺のもとに集まってくるようになったんだ。人からもらったり、文庫交換会でこの本が当たったり、『ウチムラさんが好きそうだと思って』と違う編集からそれぞれ二冊届いたこともある。間抜けだと笑われるかもしれないが、本屋に行った時に無意識に購入したりすることもあるんだ。買ったあとで「あっ！」と気づく」

そんなこんなでウチムラの元には『汚れつちまつた悲しみに……』が九冊ある。そのうち自分で購入したのは三冊、実に六冊が図らずに彼のもとに集まってきたことになる。

「こうなってくると十冊めがいつ来るのか楽しみになってきたんだけど、期待するとだめなのかぱったりと出会わなくなった」

ウチムラはなぜか残念そうに言った。

お母さんを買いに行く

エノモトさんにはオウタロウという息子がいる。

話はオウタロウが五歳の時、幼稚園に通っていたある日のこと。いつもと変わらず家のそばまで迎えに行くと目を真っ赤に腫らしたオウタロウが送迎バスから降りてきた。

「どうしたの、お友達と喧嘩した？」

だがオウタロウはエノモトさんの問いに反応せず、ただ頬を膨らませ口を尖らせているだけだ。聞かずとも喧嘩だな、と思った。

だが先生は「どうしてむくれているのかわからない」と言う。特に友達と揉めていた、という様子はなかったらしい。子供がわけも話さずむくれることはそう珍しいことではない。オウタロウにその節がなかったかと言えばそうでもないのは確かだった。

しかしエノモトさんはこの時を振り返り、どうもそんな雰囲気ではないように感じた。

「私と手を繋ごうとしなかったんです。それどころかまるで知らない人のように触れもせず、近づきもしない。普段なら手を繋いで家までの道中、園であったことを息継ぎも忘れるほど話したがるのに」

家についてもオウタロウの異変は続いた。

今度は中に入ろうとしないのだ。エノモトさんがどれだけ言っても玄関から中に入ろうとせず、しまいには大泣きして暴れる始末。どうしたらいいかわからずエノモトさんは困り果てた。

「泣きながら息子は『お母さんを買いに行く』って喚き散らすんです。ご近所にも丸聞こえなのでとにかく中に入れようとするんですけど、寝そべって駄々をこねちゃって。うちの子は欲しいものがあったってそんなわがままを言ったことなんかなかったので、私自身ちょっと引いちゃって」

ひとしきり喚いたのち、糸が切れたようにオウタロウは眠りに落ちた。突然のことに状況が呑み込めず、慌ててエノモトさんは病院に連れて行ったが異常は見当たらなかった。

ただ、オウタロウを送り届ける送迎バスの道中で手書きの看板を掲げ、頭に鉢巻を巻いた集団とすれ違った。考えすぎかもしれないと前置きしたうえで、エノモトさんはそれが『交通事故遺族の会』だったことに言及した。

現在は高校生になったオウタロウはこの時のことは一切覚えていないという。

20

老人の部屋

「怪談っていうかね、ちょっと笑える話なんですけど」

カツセさんは家電の取付け工事を請け負う会社を営んでいた。とはいっても社員のいないひとり会社だった。

毎年、夏になると他の家電工事を抑えエアコン工事に専念している。カツセさんの仕事にとって夏は書き入れ時なのだ。夏の間中、休みなく一日何軒もエアコンを付けては外しを繰り返す。一軒でも多くこなせばその分収入となった。

家電量販店の下請けもあれば、個人から直接依頼が来ることもある。できるだけどちらかを優先せず均等に仕事をこなすよう心掛けていた。

「そのお宅は直接ご依頼をいただいたお客さんでした」

今から二〇年以上前のこと。

カツセさんがその日、エアコンの取付けを行った部屋は普段とは様相が違った。

エアコンを一台取付けるのに一時間はかかる。状況次第ではさらに時間がかかることも珍しくない。そのため、ほとんどの住人は取付け工事の間、別の部屋にいる。つまり工事の間は基本的にひとりのことが多い。

だがこの日の工事は背後に老人が寝ていた。聞いていなかったので面食らったが、住人が特になにも言わなかったので構わずに工事を行うことにした。とはいえ、背後に人が横たわっているのはどうにも落ち着かないし、起こさないようできるだけ静かに作業せねばならなかった。

「大変ですな」

作業に没頭していて老人がいることを忘れかけていたころ、唐突に声をかけられ心臓が止まりそうになった。

「え、ええ……夏は稼ぎ時でして——」

そこまで言ってカツセさんは異変に気が付いたという。たった今声をかけて来た老人はベッドに横たわっている。おかしいのはそのことではなく老人の顔だ。

「白い布がかかっていたんです。ほら、テレビとかでよく見るご臨終のやつですよ」

寝ていると思っていた老人は実は遺体だった。布はカツセさんを怖がらせないための配慮だったらしい。

「もう怖くってね。お客さんに文句言ってやろうかと思ったんですがね、いくらなんでも非常識だって。でもその時はそんなことどうでもよくって。とにかく早くその部屋から逃げだしたくて最速で取付けましたよ」

この時のタイムは未だに抜けないとカツセさんは笑った。

なお、この話は必ず盛り上がる〝すべらない話〟として飲み会などで重宝しているという。

はじめてのおるすばん

子供のころは不思議な体験をしやすい、というのは怪談好きの中では共通認識ではないだろうか。「私は幽霊を信じません」という人でも子供のころの不思議な体験を語ったりするから油断できない。そして否定派の怪談ほど旨味の濃い話はない。

キドくんの話もそんな子供のころの不思議な体験談だった。

七歳の時、姉と両親の四人で団地住まいをしていた。五階建ての五階の部屋、ベランダからは眼下の駐車場をはじめ、集会場と公民館、電話ボックスが見下ろせた。

キド少年はいっぺんにいろんなものが見下ろせるこの景色が好きだった。

「おるすばんお願いしてもいい？」

ある時、母がそう切り出した。姉とふたりでバザーに行きたいのだという。お目当ての店は遠いため、行くとすれば帰るのは夜中になる。

当時、父は泊まり込みの仕事をしていたからふたりがいないとなれば家にはキド少年ひとりになってしまう。母は息子をひとり残しては行けないと、なかば諦観めいて聞いた。だが母の意に反しキド少年にとっては大歓迎だった。

「ひとりってことは好きなテレビも観れるし夜にお菓子を食べても怒られないってことで」

キドくんは当時を振り返り照れ臭そうに笑った。

晴れてキド少年の思惑通り、はじめてのおるすばんを勝ち取った。

その夜、家はまさにキド少年の王国となった。テレビは好きな番組を観れたし、布団の上でお菓子を食べても怒られない。なんなら晩御飯だって布団の上で食べてやった。普段は寝なければならない時間を無視して風呂にも入らずダラダラする。母が心配したようなはじめてのおるすばんにはならなかった。

リリリリン、とけたたましい音が響き、キド少年は思わず跳びあがった。

昔のダイヤル式電話はとにかくやかましい。そのやかましさが母の怒鳴り声と重なって思わず跳びあがった。

悪行を見透かされているような気になり、おそるおそる喚く受話器を取る。

「もしもし」

『もしもし、わたし』

「……なんだ、ねえちゃんか」

電話の主は母と一緒にいるはずの姉だった。

「どうしたの？」

『ねえ、■■■■知ってる？』

■■■■、知らない言葉だった。キド少年が姉に「なんて言ったの」と聞き直すもやはり聞き覚えがない。それがなにかを訊ねても姉は『■■■■知ってる？』と同じことを繰り返すばかりだ。

怖い、というより腹が立った。自分は揶揄（からか）われている。キド少年からすれば、聞き慣れた姉の声だ。いたずらだと思うのは当然のことだった。

『■■■■知ってる？』

「もういいって、切るよ」

『■■■■知ってる？』

まるで壊れたラジカセのように同じことしか言わなくなった姉を無視して、キド少年は受話器を置いた。

リリリリン

数秒もたたないうちに再度電話が鳴る。いたずらを詫びる姉の電話なのは明白だった。

「もしも――」

『■■■■知ってる?』

間髪入れずに訊ねる言葉。苛立ちが声に乗るのも隠さずキド少年はもっとはっきり、大きな声で言えと求めた。すると電話口の姉はひと息吸って、

『■■■■知ってる?』

と声量の変わらない調子で言うのみだった。

「わけわかんない!」

腹立たしさのまま叩きつけるように受話器を置いた。

「翌朝、姉を問い質したんです。あれはなんのつもりだったのか、ってね。でもそんな電話はしてないって言うんですよ。母に聞いても姉は一度も離れなかったというし……。当時は携帯電話はおろかポケベルすらなかった時代ですから、母の言うことを

信じれば不思議なんですけど。あの時の僕にはふたりがグルで自分を揶揄ったとしか思えなくて」

■■■■という言葉。中学生までは覚えていたというが、ある時を境に急に思い出せなくなったらしい。惜しい気もするが、思い出さないほうがいい言葉なのかもしれない。そう締めくくったキドくんは複雑な表情をしていた。

続・はじめてのおるすばん

キドくんは怪談が好きだ。怪談だけではなく、ホラー映画やホラーゲーム、オバケ屋敷に至るまで。怖いものには目がない。

怪談ライブなどにも足しげく通い、いつしか横の広がりもでき怪談師とも知り合いになった。怪談好きは自らも怪談を語る。当然の成り行きかもしれない。

そうしているうち、自らも壇上に上がり語る機会も増えた。『はじめてのおるすばん』はキドくんの怪談レパートリーのひとつになった。

思い出せない■■■■という言葉、というのはなかなかインパクトがあるらしく、話せば会場が湧いた。いくつかの憶測が飛び交うようになり、だがそのどれもピンとこない。つまるところ、■■■■がなんなのかは依然はっきりとしなかった。

「似た話を聞いたことがある」

そう言ったのはとある有名な怪談師だった。

「ある人から聞いた話でね、子供のときに留守番してると電話がかかってきて『〇〇〇って知ってる?』って知らない男が繰り返し聞いてくるという。それで彼は直感的にこれは怖いものだと思って注意深く聞いた。〇〇〇というのがなにかわからない。でも切ったら悪いことが起こりそうで切らなかったそうだ。電話の相手はひたすらに『〇〇〇知ってる?』と繰り返すのみ。しばらくどうすればいいか考えながら受話器を握りしめて聞いていたがそのうち向こうから通話が切れた。それ以来そんな電話はかかってこなかった……そういう話を霊感がある知り合いに話したことがあるんだそうだ。するとその話を聞いた知り合いは『それ、〝にいに〟って言っていたんじゃないか』という。それを聞いて彼は『そうだ、にいにだ！　にいにってなんですか』と興奮して訊ねると、知り合いは『〝お兄ちゃん〟って意味だよ』と答えた。彼はね、それを聞いてすっと血の気が引いたそうだ。彼はその電話がかかってくる数週間前に兄を事故で亡くしていたらしい」

その話に出てくる〝彼〟と同じようにキドくんも血の気が引いた。実はキドくんには『はじめてのおるすばん』で話していないことがあった。

「実は『はじめてのおるすばん』には後日談があるんです。気味が悪いくらいその人の話と符合するんですけど、この話を霊能者の人に聞いてもらったことがあって。その人は話を聞き終えるとすぐ僕に『水子に心当たりない?』って聞いたんですよ。ギヨッとして否定したら、『キドくん自身でなくても身内に水子がいたとか』と聞かれました。それで思い出したんです。そういえば昔母親が僕に『あなたにはお兄ちゃんがいたんだよ』って。僕を産む前に流産を経験していて、それが男の子……つまり僕にとって兄だったって言うんです。そんな話、すっかり忘れかけてたんですけど水子と聞いてそのことを思い出しました。霊能者の人は『それだ!』と言いました。聞けば兄が心配して僕に電話をかけてきたって言うんですよ。思わず笑いそうになっちゃいました」

なにしろ電話は姉の声だった。様子がおかしいとはいえ聞き間違えることもなければ、男の声でもなかった。それが産まれてもない水子の兄だなんて言われても説得力がない。

「霊能者の人、『はじめての留守番だから心配したんだよ。声がお姉さんだったのは、水子は自分の声を持ってないからキドくんの知っている声でかけてくる。特に家族の声でかけてくることが多いっていうね。だからキドくんが怖がらないようお姉さんの声で電話をかけてきたんだけど、お姉さん本人でないから違和感を覚えたんだと思う。とにかく、悪いものじゃないから安心して』とかもっともらしいこと言ってましたけど」

■■■■という言葉もおそらく悪い言葉じゃないはずだ、と霊能者は言っていたという。

「普段はここまで話すと怖くないから最後まで話したことないんですよ。でも『はじめてのおるすばん』とすごく似た話があって、しかもその言葉の正体が〝にいに〟だって聞いて話さずにはいれませんでした。こんな偶然、ありますか？」

当時のことを思い出したのか、青白い顔でキドくんは話した。怪談が集まるところに入り浸ると、往々にしてこのようなことがある。

ちなみに■■■■は、〝にいに〟ではないとキドくんはキッパリと断言した。

宴もたけなわ

畳の広間に二〇人くらいの男女が写っていた。画質が粗く、人物の顔はどれも潰れていた。身にまとっている着物や風貌で男か女かはわかるが、年齢までは判然としない。

色調も褪せていて古臭い印象が拭えず、一体何の画像を見せられているのか首を傾げた。

「よく見てください。今どきこんな宴会ないでしょう」

嬉々としてスマホの画像を見せるのは同業者のクリモトだ。

驚かせたいと顔に書いてあるので観念して意味を教えてくれと頼むと、クリモトは待ってましたと言わんばかりにこの画像にまつわる話をしてくれた。

「自分、知らない土地を歩くのが趣味でして。特に寂れた町なんかたまんないんですよね。そういうところにあるボロボロに朽ちた家とか、どう見ても廃墟なのに人が住んでいる家とか、存在理由のわからない施設とか……とにかくそういう物件を見るのが好きなんです。心霊スポットなんか行っても、だいたいはなにかで紹介されていたりして時にはほかの見学者とブッキングなんかするし厭だなって。だから曰くなんか関係なしに朽ちていく一方の建物がね、ツボなんです。そしてですね、○○市のある町を散策している時に一軒の大きな屋敷を見つけたんですよ。もうボッロボロで屋根とか落ちて、ひどい有様。僕としてはたまんないんで周りを歩きながら見惚れてたんです。当然、閉め切られているんで中の様子はわかんないんですけど、一か所だけはじの方のガラスが割れている窓があったんです。覗こうにも高くて届かなかったので、手を伸ばしてスマホのカメラで中を撮ったんですよ」

つまるところ、この宴会の画像はその時に撮れたものだと鼻息を荒くした。

「でも誰に話しても信じてもらえないんですよ。どう考えてもネットで拾った画像だろって」

クリモトには悪いが、私もそう思っている。

親切なこっくりさん

ケンちゃんが昔言っていた話が怖かった。

放課後にコウくんとサッチンの三人でこっくりさんをした時のこと。

特に怖ろしいハプニングもなく、意中の相手の本命やら将来の仕事などを聞いてこっくりさんを終了しようとした。

『最後に指を離したら怖い目に遭うよ』

コウくんでもサッチンでも、もちろんケンちゃんのでもない声がどこからともなく聞こえ、顔を見合わせて凍り付いた。

放課後の教室には誰もいない。

「うわあー！」

最初に指を離したのはケンちゃんで、次に指を離したコウくんとサッチンだったがどっちが先かはわからなかった。互いに自分が先だったと主張し合い、険悪な空気なままその日は帰ったのだという。

ケンちゃんはこの話をしてこちらが「それでどうなったの？」と聞くたび、決まってこう答える。

「サッチンのほうが早かった」

泥まみれの少女

シミズさんと居酒屋で飲んでいると、ハチマキを巻いた勝新太郎似のマスターを顎で指した。

「あのマスター、昔火事で娘さん亡くしてはるん知ってる？」

「うそ、それは気の毒やな……」

子を持つ親としてマスターの過去を想って同情した。

「たぶん、本人も知ってはるんやと思うねんけどな。火事自体は娘さんの花火が原因らしいねんけど」

居酒屋を営んでいるためシミズさんは夜、家にはいない。アルバイトが急に欠勤したときだけ奥さんに手伝ってもらっていた。そういうときだけ、娘にるすばんをさせていたらしい。

出火当時、娘は小学二年生だった。

マスターの心情を察し、なんとも言えない気持ちになる。自分に置き換えて想像しただけで頭がおかしくなる。

「やからこんなん言うたら不謹慎やと思ってあんま人に言わんかったんやけど」

声を潜め、シミズさんは顔を近づけた。

「火事があってからちょいちょいあそこで幽霊が目撃されるようなってん」

「幽霊……マスターの娘さんの？」

「それがわからへんねん」

理由を訊ねるとシミズは「普通、そういうのって生前の姿とかもしくは焼けた姿とかで現れるやん」と小声で言う。

確かにそうかもしれない。実際、話を聞いてそのように想像した。

「それがなあ、泥まみれの裸姿やねんて」

「泥？　火事となんか関係あるん」

「わからへん。でも娘さんなんは確からしいねん。近所の人が言うてはるから間違いない」

泥まみれで裸……火事となにか関係があるのだろうか。

そう思ってふとマスターを見た。マスターはカウンター越しに客と談笑している。

火事の翌年、離婚して現在は再婚相手との間に子供がふたりいるとシミズが言っていた。

腐る音

ニュースをみてスエトシさんはたまげた。

近所で不審死があったらしい。事件性があるかどうかも含め、警察が調べているという短いニュースだった。

のちに事件性はなく、独居老人の孤独死だったとわかった。発見時、白骨化していたことから捜査に時間がかかったというもっぱらの噂だ。

スエトシさんは日課のランニングでこの家のそばを毎日のように通っていた。それゆえ報道にはショックを受けたが、あとあと振り返ってみれば妙なことがあったと思い出した。

件の家の前を通るたび、変な音を聞いていたのだ。

その音は「じゅわじゅわ」とか「みちみち」とか、なんだか不快な音だった。記憶を遡っていくとそれは何か月か前の話で、最近はめっきり聞こえなくなった。

それまで気にしたこともなかったがこの事件を機に思い出し、さらに気味の悪い事実にも気づいてしまった。

ランニングのとき、スエトシさんはイヤホンで音楽を聴いている。最近聴きはじめたわけではなく、ずっとだ。つまりあの不快な音が聞こえるわけがなかった。

こじつけるなら、イヤホンを介して聞こえてきたのか……それとも頭に直接入ってきたのか。

しかし、いくら考えたところで埒が明かないのでスエトシさんはそれについて考えることをやめた。だがあの家を通るたび思い出すので現在はランニングのルートを変えたという。

あの時、聞こえた不快な音は死んだ老人が気付いてほしくて毎日通る自分に聞かせたのではないか。自分が腐っていく音を。

スエトシさんは眉間にしわを寄せてそう考察した。

髪の毛はしつこい

特殊清掃……いわゆる事件現場清掃人とも呼ばれる職に就いているセコ氏は「こんな仕事しておいてなんですけどそういう話は全然なくて」と恐縮した。

「特殊清掃って遺体を運んだあとの部屋を掃除するんで、状況によってはすごい臭いがするんです。もう死臭とか腐臭とかにまみれながらの作業で」

「でも防護服やマスクつけて完全武装で作業するんじゃないんですか」

「ええ、でもどれだけ徹底的に防臭していても体についちゃうんですよ」

曰く、穢れはそう簡単に落とせないらしい。

「まあ仕事柄そういう臭いには慣れっこなんで、体にどれだけついてても自分じゃわかんないんです」

と言いながら、反対に他人についている死臭には敏感だとセコ氏は話す。

「特に髪の毛は死臭が取れないですからね」と自ら髪を触る。電車なんかで同業者がいたらすぐわかると言った。

「だけど同業者なんてそうそう出会わないですよ。電車で現場入りする人なんていないでしょうし。普通に生活していたら誰かから死臭を嗅ぐなんてことないです。でも前に一度だけあって……」

それはセコ氏の義理の母親が入居している介護老人施設でのこと。

「そこで働いていた介護士の若い女性なんですけど、義母の担当ではなく普通にすれ違っただけで……でも強烈な死臭がしたんですよ髪の毛から」

その時は車いすの入居者を押していた。死人とは無縁そうなどこにでもいる感じの女性だった。

「色々理由は考えられるんですが……なにしろ強烈な臭いだったんです。同業者からも嗅いだことないくらい。だから印象に残ってて」

思いがけない死臭に思わず振り返ったセコ氏は、車いすの入居者が怯えているように見えたという。

「気のせいだと思うんですけどね……」

実録怪紀行

世界平和大観音

一〇〇メートルの廃墟

世界最長のつり橋と呼び声の高い明石海峡大橋を渡り、淡路島を車で走ること二〇分。今や淡路島の顔といっても過言ではないその御姿が見えてくる。

世界平和大観音。

全長一〇〇メートルを超える巨大観音像だ。強権が作り上げた欲の怪物である。

筆者がはじめて訪れたのは二〇一九年九月。次に訪れたのは取り壊しが決まったあとの二〇二〇年六月。

事前に情報を知らずにそれを見たら度肝を抜かれるだろうし、一体あれがなんなのか戸惑うと思う。廃墟マニアやB級スポットファンには有名だが、一般的な知名度が高いとは言い難い。他県から観光にやってきた人間ならばまずド肝を抜かれるだろう。そのくらい、世界平和大観音はでかい。

実際、筆者も何度か目の当たりにしたが、見る度にでかいと思うし同時に怖ろしさも感じる。

淡路島はいいところだ。山でも海でも遊べるし、最新のアクティビティまで堪能できる。近年はますます注目度が上がり、カップルや家族での旅行先に人気だ。当然のように食べ物も美味い。玉ねぎが有名だが海産物も非常に絶品。関西圏からはアクセ

スもいいし、バカンスにはうってつけだ。

なにが言いたいのかというと、そんな淡路島にこのバカでかい観音像は異質なのだ。近くで見てみると、お世辞にも精巧とは言えない大味な作りがわかる。大きく作ることにこだわりすぎて精彩を欠いたのだろうか。製作者の性格がそのまま表れているようなチープさに愛嬌がある。

その巨大さで離れたところから望む立ち姿は一種の神々しさを感じてしまうが、近づくにつれて「思ってたんと違う」感が強くなってくる。なにしろ首のあたりに展望台があるせいで首にギブスをつけているようにしか見えないのだ。

その痛々しい姿から『むちうち観音』とも揶揄されることもある世界平和大観音だが、それ以前に疑問が浮かぶ。

展望台?

そう世界平和大観音は別名一〇〇メートルの廃墟。つまり中は商業施設だったのだ。

大観音の足元まで来てはじめて台座の部分に無数の窓がついていることがわかる。

そして後ろに回ってみると首のギブスの裏側、大観音の背中肩甲骨のあたりに窓が付いている。これでは台無しである。遠目から見た神々しさは鳴りを潜め、途端に金の

臭いがしてくる。

しかも廃墟らしく窓ガラスはあちこち割れている。目を凝らせばおそらく不法侵入者が残したと思われる落書きも確認できる。

近くで見れば見るほどがっかり感が増す。それに経年劣化と近年の激甚な台風も相まって外壁（観音像なのに？）の一部が剥がれ落ち、倒壊の危険を肌で感じる。取り壊されるのも無理はない。

この〝観音像でありながら廃墟〟というシチュエーションがマニアから絶大な支持を得ている。実際、訪れてみないとわからない凄みがあった。

世界平和大観音の正面にやってくると封鎖された大門があり、『豊清山平和観音寺』と彫られた立派な石柱が立っている。残念ながらフェンスで囲まれ、中に入ることは叶わないが在りし日はここから坂を上って観音像へ行ったのだろうことはわかった。

さらに大門のすぐそばには五重の塔ならぬ十重の塔がそびえている。こちらも多分に漏れずボロボロに朽ちていて、観音像よりもこちらのほうが倒壊の不安があった。

カメラをズームにして見ると、屋根はもはや役割を果たしておらず骨だけになっている。というより、見た目だけ立派で中身は空っぽのようだ。大観音の内部には入館

できたが十重の塔はおそらく飾りだったのだろう。

ネット調べで恐縮だが、大門を抜けて坂を上っていくと蒸気機関車の展示となぜか何十分の一スケールの自由の女神があるらしい。もはやなんでもありだ。

そして大観音の台座に玄関があり、営業していたころはここから入館してエレベーターで上まで行けた。中にはレトロカーと甲冑の博物館とレストラン、それにどういうわけか浴場まで完備していた。首ギブスの展望台では絶景を楽しめる。知れば知るほど統一感のない万国博覧会のようだ。

もうおわかりかと思うが、つまるところこの大観音も十重の塔と同じくハリボテの観音像だったのである。実際、剥がれ落ちた外壁をズームで撮影してみるとそのハリボテ感が厭というほどわかる。とはいえ、商業施設として営業していたことを鑑みると全くのハリボテというわけではないが。

ともかく、『一〇〇メートルの廃墟』とはそういう意味なのである。

気になるのはこんな巨大な建造物を一体誰が建てたのか、ということだと思う。

さぞ高名な宗教法人が作ったかと思いきや、そんなことはない。仮にどこぞの宗派が世界平和大観音を作ったのだとしたら、あまりに作りがお粗末すぎるしそもそも観

音像の中に商業施設を作りあまつさえ展望台などもってのほかだと思う。では誰か。

不動産で財をなした某グループ創業者のO氏だ。

出身地である淡路島のかの地に私財を投じて一九七七年に建立。観光客の誘致を図るが、展示物が一般受けせず次第に客足は遠のく。一九八八年にO氏が死去してからは妻が跡を継ぎ営業を続けるが、二〇〇六年に死去し閉館。廃墟となり現在に至る。

取り壊しに至る諸々の経緯は割愛するとして、怪談的曰くもないこの場所になぜ筆者が訪れたのか。理由は単純である。

怖いからだ。

人間は太古の昔から巨大なものが怖い。いや、むしろ動物的本能として生まれながら持っている恐怖心だと思う。

世界平和大観音を建立したO氏にそんな意図はないのだと思うが、それでもこれだけ巨大なものを作ったということは自らの力を広く誇示したかったのは明白だ。それがそのままその人間の権力欲、承認欲求の大きさのような気がして怖ろしくなるのである。本項冒頭に大観音を欲の怪物と喩えたのはそのためである。

一〇〇メートルの人間の欲、それがそのまま廃墟となって十数年も淡路島のこの場所でそびえたっていたのだ。怖くないわけがない。だから筆者は訪れるたびビリビリとその威圧感に圧倒される。

まもなくこの地から世界平和大観音がなくなる。その前に是非自分の目で確かめてほしい。死してなお誇示し続ける巨大な欲を。

ちなみに取り壊しが決まって、地元住民からは賞賛の声があがっているかと思いきや心中は複雑なようだ。長い月日の中で、大観音は淡路島のランドマーク的役割を担うようになっていた。多くはないがこれを目当てにくる筆者のようなもの好きもいるし、一度目にしたら忘れられないほどのインパクトを持つ大観音は迷惑でもありつつ、名物の一つでもあったらしい。

できれば取り壊しではなく維持を望むが、老朽化によりそれも叶わないため取り壊ししか選択の余地はない。この地から無くなってしまうのは単純に寂しいという心理があるのだろう。

いくらチープな作りとはいえ、観音の姿をした巨像である。倒壊は怖いが無くすのも忍びない。そういった複雑な心境があるのだそうだ。

大観音像亡き後、なんらかの曰くが生まれ新しい怪スポットとなれば、またここに人が集まる理由になるのかもしれない。

なんにせよ人の形をしたものが無くなる喪失感は味わいたくないものだ。

抜歯

ソカベさんは実家に住んでいたころの記憶を辿ってくれた。

それは実に気味の悪い話だった。

「私が昔住んでいたところは工業地帯のそばで、四六時中いくつも突き出した煙突からむわむわと煙が出ていました。町中油と錆の臭いが立ち込めていて、住んでる私たちはなにも思わないいんですけどたまに親戚とか外から人がやってくると一日中しかめっ面をしてました。郊外なのでお店も少なくて、スーパーくらいならあるけど日用品やなんかは車でちょっと足を延ばさないと行けないような、不便なところだったんです。

中でも歯医者さんがなかったのがすごく不便で、病気とか怪我はいわゆる町医者が何個かあったんで問題なかったんですけど、歯が痛くなった時が大変でした。大体どこの家庭も共働きだったから、歯のトラブルにならないよう食べ物にも気を使ったりして。

歯医者さんが離れたところにしかないっていうのも今になって考えてみれば不思議なんですけど、もっと不思議なのが乳歯を買うおじさんがいたことです。

なに言ってるかわからないと思いますけど、私もなんなのかわからないです。でも住んでいた町ではそのおじさんのことをみんな知っていて、会ったことがあるって人も結構いました。私の同級生にも何人かいて、その子たちはこう言うんです。

友達と遊んでいると松葉づえをついた軍服姿の人がやってきて、『お嬢ちゃん、歯ぁグラグラしとるだろ？　おじちゃんにそれくれんかね。百円あげよう』って言ってくる。おじさんが言う通り声をかけられた子は乳歯が抜けそうなんだそうです。怖くて逃げる子もいれば百円欲しさに乳歯を渡す子もいます。ちゃんと百円はもらえるみたいです。

町の人たちの中でもあのおじさんについては実在の人物なのか幽霊なのか意見が分かれていて、結論が出ないまま町自体に人がいつかなくなっちゃいました。もともと利便性の悪いところだったんで変な曰くとかじゃないですよ。

なんでいきなり幽霊かどうかの議論になるのかって？　そりゃそうですよ、私の親の世代からずっとそのおじさんはいるんですから。容姿も昔からまったく変わっていないみたいです。そんなの幽霊しか考えられないじゃないですか。乳歯が生え変わるとおじさんは決して現れないのも特徴ですね」

おじさんの正体も気になるが、乳歯を買って一体なにに使うのだろうか。

チャイルドシート

バイクのツーリングが趣味だという大学生のタンバくんが体験した話は、聞いていて座りの悪くなるようなものだった。季節は夏、暑くてフルフェイスのヘルメットではなく、半分顔が出るタイプのヘルメットで走っていた。

知らない山道を登っていくとたまに開ける景色がどんどん美しくなっていく。それを見るのが好きでタンバくんは山をよく走ったという。

ふと変な臭いがした。なにかが焦げたような、焼けた臭いだった。

どこかで野焼きでもやっているのかと思ったが、草や木が燃えたような臭いではない。どう考えても肉や毛を焼いたような異臭だった。走行中なのですぐに異臭は消えるだろう。そう思ったが異臭はいつまでも纏わりついた。

トンネルに差し掛かり、それでも無くならない異臭にいよいよおかしいと感じたタンバくんは途中にある小さな駐車場にバイクを停めた。ドライバーやライダー向けの休憩所を兼ねた駐車場で、近くには眺望を楽しめる展望台もあった。

しかし長い間利用客がいないのかまったく管理がされておらずかなり荒廃している。アスファルトの割れ目からあちこち雑草が好き勝手に生えていた。

休憩がてらにタバコを吸いながらなんだか変なところに来ちゃったな、などと思っていると後ろから『ギャア！』となにかの鳴き声がした。驚いて振り向くが動物の類は認められない……が、代わりに一体のお地蔵さんがあった。

どういうわけか荒れきった駐車場の中にあって、そこだけが妙に片付いている。そのせいでやけに目に焼き付いた。

内心、厭な気分だった。異臭に誘われてここに停めさせられたような気さえする。だとすれば、もしかするとあのお地蔵さんに呼ばれたのかもしれない。不自然に綺麗なそれを見て思った。

虫の知らせというのはある。バイク乗りをしていれば時々、道の神様が危険を教えてくれるのだ。タンバくんはそう信じていたからお地蔵さんに手を合わせた。そうしたら異臭はしなくなった。

やはりそういうことだったのかと胸を撫でおろし、バイクに戻るとタンバくんはマフラーに黒い布が巻き付いているのに気づいた。

一体どこでこんなものが巻き付いたのだろう、と怪訝に思いつつマフラーから取るとそれが黒焦げになった赤い布だとわかった。瞬時にさっきの異臭と結びつき、厭な予感がした。その時、背後に気配を感じてタンバくんが振り返るとそこにあったはずのお地蔵さんがない。

代わりに真っ黒に焦げたチャイルドシートがあったという。

怖ろしくなったタンバくんは慌ててバイクに飛び乗りその場を後にした。つい持って帰ってきてしまった黒く焦げた布を捨てるに捨てられず、仕方なしに知り合いの寺に持っていった。

住職はそれを受け取ると「これはよだれかけだね」と言ったという。曰く、赤ん坊のよだれかけではなく地蔵の首にかける赤いよだれかけが焦げたものらしい。

当然、供養してもらった。タンバくんの身には幸いなにも起きていない。

幽霊ホテル

ＳＮＳの友人、チョッパー（ＨＮ）は少年時代の妙な体験が今でも引っかかっているという。某県にあったとあるホテルのことだ。

もう何十年も前に取り壊されたホテルだが、健在だったころは幽霊ホテルの異名をとり一部の界隈では有名だった。ホテルといっても営業していた実績はなく、建設の途中で工事が中断し放置された建物だった。実際、ホテルになる予定だったので間違いではないが幽霊が出る根拠は不明。二〇年以上も放置され暴走族の溜まり場になっていたそうで、心霊スポット化したのは人払いの意味もあったのかもしれない。

だが現在、この幽霊ホテルはかつて存在した心霊スポットとしてよりも『日本初の爆破解体が行われた建造物』としてのほうが有名だ。現在も探せば爆破当時の映像が見られるはずである。

チョッパーは小学生の時、爆破前の幽霊ホテルを扱った心霊もののビデオを観たことがあった。ホテルとは縁もゆかりもない地で借りたレンタルビデオ、なんとなく手に取った一本だった。実録ドラマ、心霊スポットロケ、噂の検証……というよくある構成のビデオ。ほとんどの内容は忘れてしまったが、あるシーンだけが忘れられない。

それは幽霊が出ると噂される幽霊ホテルの一階、四角い窓を赤外線カメラで夜通し撮影したシーンのこと。窓と言っても建設途中で放棄されているため打ちっぱなしのコンクリ壁に枠もない真四角の闇があるだけだ。さながらそこだけ四角く切り取ったように真っ暗な映像だった。

特に怖いとも思わずそのシーンを夜、ひとりで観ていたチョッパーはある演出に首を傾げた。窓枠がどんどん大きくなり、ついにはテレビの画角いっぱいにまで広がったのだ。おそらくカメラがズームしただけだと思ったが、なんのナレーションもなくゆっくりズームしていく四角い闇が気持ち悪かった。

翌日、家族に妙に気になったこのシーンを観てもらおうと思った。特に理由はなく、なぜか見てほしいと思ったのだ。

「あれ……？」

家族と一緒に観た時、窓は大きくならなかった。そんなはずはないと巻き戻しても う一度。……窓はそのまま、大きくはならない。

今思えば定点カメラでの撮影でそこに撮影者はいなかったはずなので勝手にズーム するはずはない。演出だとしてもそんな意味不明の演出をするだろうか。

家族は寝ぼけていたんだろうと笑うのみでそれ以上は相手をしなかった。

この話をしてくれた時、チョッパーはこう付け加えた。

「たまーに怪談イベントとかでこの話することあるんですよ。でね、つい最近このビ デオを知ってる人がいて、しかも持ってるっていうんですよ。それで後日ビデオを見 せてもらったんですけど、まあ案の定ほとんど内容は覚えてませんでした。でもね、 唯一覚えているあのシーンはちゃんとありました」

窓は大きくなったの？　という問いに、チョッパーはさも当然の如く首を横に振っ た。

ずるずる

僕ね、時々仕事で東京出張するんです。

それである時、取引先との打ち合わせ場所に行くのにバスを利用しました。そしてあるバス停でぞろぞろと乗客が入ってきました。場所は言えませんが、東京の観光地と言えば……とだけ言っておきます。とにかくですね、割と空き気味だった車内がそこそこ埋まるくらい乗ってきたわけです。

それで椅子を探す列の中にひとり、若い女の子がいたんですよね。

まあ僕も男ですから、かわいい子がいたらついつい目で追っちゃうわけですよ。ちょうど窓際の席に座っていたものですから、ぞろぞろ歩く足元を見ていて。黒タイツの綺麗な足があったのでどんな女の子かと見上げました。赤いチェックの短めのスカートにスタジャンを着た女の子。前の客の頭で顔ははっきり見えなかったんですけど、赤いニット帽を浅めに被っていて「あ、こりゃかわいいな」と。

それでわざとらしくならないよう顔が現れるまで観察しました。それでようやくご尊顔を拝めたんですが――。いやね、思わず息を呑みましたよ。

かわいかったからじゃありません……顔がね、ずるずるだったんですよ。

どう表現すればいいかわかりませんが、爛れているのか顔面の皮がないのか、それとも血まみれなのか……とにかく普通じゃないんです。

反射的に、いえほんと悪気なくですよ？　反射的にうわって思ったんです。それが態度に出ちゃったんですかね、その瞬間女の子と目が合ったんです。咄嗟に目を逸らしましたよ。あたかも最初から窓の外を見てましたよ、みたいな顔してね。でも実際は脂汗でぐっしょりでしたよ、なんなら顔だって青ざめてたかもしれません。

そのくらい瞬時に恐怖を感じたんです。

あれはなんなんだ、生きてる人間なのか？　頭は混乱しましたね。もしも事故の傷痕だったりしたら失礼だし申し訳ない。そんな目で見てはいけない。わかっちゃいますが一度「怖い」と思った気持ちはそうそう拭えないってもんです。

なんとなくの気配で、彼女が僕の斜め後ろの席に座った気がしました。今となっちゃどうなんですかねぇ……なんでそう思ったのか。とにかく、どうしてだか確かめてないのにどこに座ったかわかったんです。

それでバスは走りだしたんですが、もう頭の中はあのずるずるの女の子のことでいっぱいで。あまりに衝撃的だったのでちょっと夢だったんじゃないかな、くらいは思っていました。もしくは気のせいだったのかな、光の加減とか目の錯覚で赤く見えただけかも、とか。

そう考えると今度は確かめたくて仕方なくなりました。

あれが気のせいだったと確信したかったんですよねぇ。それで悩みに悩み抜いて、最終的に振り返りましたよ。

やっぱり彼女は思った通りの席に座っていましたよ。それでバチっと目が合いました。ず～っと、僕を見てたんですね。そうでないとあんなにバッチリ目が合わない。見てたというか、睨んでいた。

慌てて顔を戻して目的地に着くまでずっとうつむいてました。もう絶対に目を合わせたくありません。だってやっぱり見間違いじゃなかったんですもの。真っ赤でずるずるの顔。

それでまあ、結局あの子がなんだったのかはわからなかったんです。もしかしたら実在する普通の子かもしれません。でも怖くてあのバスにはもう乗れないですよ……。それからはそこへ打ち合わせに行く時は自腹きってタクシーで行ってます。怖くて乗れないとは会社に言えないですから。

今でもバッとフラッシュバックするんですよ、あの睨みつける真っ赤なずるずる顔を。普通の子だったらそりゃあ怒って睨みもするだろうなぁ、と思う反面、乗客に僕と同じように驚いた様子の人は誰ひとりとしていなかったんです。僕ひとりだけがあの子のことを気になっているようでした。

あの子の顔を見れない間、他の乗客の様子を窺ってたんです。誰も平然としていて普通でした。このバスによく乗る子だとしたらよく乗る人はいまさら驚かないのかもしれません。でも観光地から乗ってきて、そんな人ばっかりですかね。あれを見たら誰だってびっくりすると思うんですが……。

あなたはどう思いますか？

アプリ

ちょっと前、流行ったスマホアプリがある。

それを思い出させてくれたのはツキノさんの奇妙な話がきっかけだ。

数年前、まだ学生だったツキノさんは流行りのものは貪欲に取り入れる典型的なギャル……というタイプだったらしい。

SNSも名が通ったものはひと通りアカウントを持っていたし、それぞれにゲーム用、ギャル用、病み用と使い分けていた。もっとも、これに関しては数は減ったものの今でもそうらしい。

「一緒に撮った人と顔が入れ替わるってやつあったじゃないですか。あれ、一時ものすごくハマってて」

確かに覚えている。

テレビやネットで一時期、そのアプリで加工した画像ばかり見た。流行りものは拡がるのも速いが廃れるのも速い。いつのまにか聞かなくなったかと思うと今では誰もその名を口にしない。

ツキノさんもそれは認めつつも当時、起きたそのことを次のように振り返った。

「近所の家で火事があってテレビも来るくらい結構な大騒ぎになったんです。近隣の家にも延焼しちゃってその日のワイドショーは独占って感じで。今考えたらめっちゃ不謹慎で反省してるんですけど、放課後友達と一緒に野次馬しに行ったんですよね。そこでパシャッと一枚撮って、ふざけてそのアプリで顔を入れ替えたんです。って言っても、友達のグループにしか貼る気なかったんですよ？　そしたらなんか変な感じになっちゃって」

ツキノさんは友達とふたりで顔を寄せ合い、ほぼ鎮火状態の現場を背にスマホで写真を撮った。それをアプリで顔を入れ替える加工をしたらしいのだが――。

「あれってお互いの顔を入れ替えるってアプリなんで私の顔が友達のに、友達の顔が私のにならないとおかしいんですよ。それなのに友達の顔が真っ黒でびっくりしちゃって。それで私たち最初はワーキャー騒いでたんですけど……」

　火事場をバックに加工した写真、あり得ない友人の真っ黒な顔、そこまではまだ平気だった。だが、ツキノさんの顔は友達のものでも真っ黒でもなく、見覚えのない男とも女とも判別のつかない赤の他人のものだった。

「人間、本当に怖い時って黙っちゃうんですね。私も友達もそれがわかった瞬間、無言になっちゃって。すぐに消して、現場から離れるとふたりで泣きましたよ。怖くて怖くてもう」

　ツキノさんはそう述懐した後、あっけらかんとこう言い放った。

「今となっては遅いんですけど、あの画像消す前にＳＮＳで拡散すればよかったと思って。絶対バズってたはずなのに」

　そう話して笑うツキノさんにギャル時代の面影を見た。

　件の火事だが、三人の死者が出ている。住民の親子と、身元不明の男性だ。

かげろかげろ

地元だけで通用するものはどこにだってある。今川焼を地域によってまるで違う呼び方をするのもその一種だと言えるだろう。昔、麻雀で聞いたこともない役で上がった知人がそれを役満だと言い張った。よくよく聞くと彼の地元だけで存在した役らしく、当然ながら無効となった。そのほかにもその地域だけに存在する遊びや、食べ物、道具や規則に至るまで数え上げるとキリがない。その最たるもののひとつに〝歌〟がある。

テラマエさんは職場の歓迎会でそれにまつわる話を聞いたという。

「職場のアルバイトにね、高校生の男の子がいたんです。ちょうど同じテーブルにいたので話をしていると時々話の合間に変な鼻歌をするんですよ。何回か繰り返すうちに気になって『その歌なんなの』って聞いたら、その子は驚いた顔をして『なんのことですか』って言うんです」

　高校生曰く、無意識に鼻歌を歌っていたらしい。

　無意識に刷り込まれるくらい思い入れのある歌なのかと問うと高校生は首を横に振った。

『僕も知らない歌なんです。学校の友達で最近転校してきたってやつがいて、そいつが地元にあった「かげろかげろ」って曲名の童謡だって言って歌ったやつで』

「とても信じられない話なんですけど、その子はその歌を一回しか聞いていないのに頭に刷り込まれちゃったっていうんですよ。でもそのくらいのことは別にあるっちゃある話じゃないですか」

　問題はその歌を刷り込まれたのが話を聞いた高校生だけではなく、クラス中の生徒だということだ。決して流行っているとか、揶揄っているだけだとか、そういうわけではなく誰もが無意識にその歌を口ずさんでいるという。

「私はその歌を忘れちゃって思い出せないんですけど、職場の人の何人かは同じように時々口ずさんでいますよ。なんか気味悪いですよね」

　そう言ってテラマエさんは聞いたことのないメロディを口ずさんだ。

留守電

『トクハラキミコですが、アヤカちゃんいますか』

ここ数年、頻繁に家の留守番電話に録音されているメッセージだ。トクハラキミコと名乗る人物は女性でしわがれたような掠れ声だという。今は随分と頻度が低くなり、たまにしか入っていないというがそれでも現在でも続いている。

警察に相談しようかと考えたこともあるが毎回メッセージはそれだけなので保留したまま現在に至ると話した。少しでも状況に変化があれば……と構えていたが一向にその様子は見えなかった。

それでも留守番メッセージが録音されはじめた当初はかなり頻度が高く、一日に二度という日もあった。眠れない日もあったというが「人間慣れるものですね」と笑った。

留守電ではなく電話に出たことはないのかと訊ねると彼女は「あったかもしれませんがわかりません」と答えた。無言で切られることがあったから確証はないという。聞けば「アヤカちゃん」という人物にも心当たりがない。一体なんの目的があって電話してくるのかわからない。

だがそのメッセージで最も気持ち悪いのは「アヤカちゃん」ではない。トクハラキミコのほうだ。なぜなら、

「トクハラキミコって私の名前なんです」

ギイ

ナエキさんが中学生のころ、学校からほど近い文化住宅に住むニシカワくんという友達の家に泊まりに行くことがあった。

ニシカワくんの家は一階建てだったが部屋も多く、広かった。しかしなにしろ古かった。壁は薄くて話し声は丸聞こえだし、歩けば床が鳴る。そばの道路に車が走れば小刻みに揺れ、古い木造家屋特有のにおいもあった。

住めば都というが少なくとも自分は厭だ。と思っていたナエキさんだったがたまに泊まるぶんには肝試しのようで楽しい。同じように思ったクラスメート二人と夏のある日、ニシカワくんの家に泊まることになった。

ニシカワくんは家が古いだけではなく、父親を除いた家族全員が霊感を持っている。家ももれなく霊障があるというので肝試し……というわけだった。

ニシカワくんの部屋は奥の突き当たり、ちょうど角にあった。入ってみて狭さに驚く。確かに寝るだけなら四人でもなんとか収まるがそれでもギュウギュウ詰めだ。先行きに不安を感じ、ナエキさんたちは顔を見合わせた。

それでもクラスメートが四人集まり、夜を過ごすとなると盛り上がるものだ。誰と誰が付き合っているとか、誰と誰が仲が悪い、あの教師は実は……とりとめのない話は深夜まで続いた。

ひとりがこくりこくりと船を漕ぎはじめたのをきっかけにそろそろ寝ようという空気になる。だが寝る前にニシカワくんは妙なことを言った。

「この部屋の扉、勝手に開くけど気にせんでええからな」

なんのことを言っているのか見えなかった。勝手に開くとは？　それも気にするなとは。ナエキさんは訊ねてみたがニシカワくんは「それ以上に言うことがない」と言って寝てしまった。

友達と首を傾げながら暗くなった部屋で横になったナエキさんだったが、すぐにニシカワくんの言った意味を知ることとなる。

ナエキさんの頭のそばにある扉が軋む音を響かせ、ほんの数センチ開いた。

「なんやこのこと言うてたんか」

ニシカワくんは「気にするな」と言った。つまりこの部屋の扉には鍵がなく、さらに老朽化でちゃんと閉まらない。そういう意味なのだと思った。

静かに扉をふたたび閉めると起きていた友達と目が合った。ナエキさんと同じことを考えたらしい友達は苦笑いで返した。ニシカワくんともうひとりはすやすやと寝息を立てている。

やはり他人の家でしかもこれだけ窮屈とあればなかなか眠れない。起きているふたりは横になりながら小声で話をした。そのうち睡魔がやってくるだろうと思いながら。

ギィ

やはり開いた。

思わずふたりで笑い、今度は友達のほうが立ち上がり扉を閉めた。

その時、彼が「あれ？」となにかに気づいた。

「鍵付いてるやん」

見上げると確かに内鍵が付いてあった。思い込みでてっきりないものと決めつけていたのだ。壊れているのかもしれないと思ったが杞憂だった。ガチャリと音を立ててしっかりと扉は閉まった。

その証拠に閉めた友達はノブを回しながら押し引きをしてみせる。

「これで安心して寝れるな」

そう言いながら話を続け、やがて話題がつきて静かになったころ。

ギィ

ふたりは同時に目が合った。互いに目を見開き、固まっている。

おそるおそる顔を上げ、扉のほうを向いた。

数センチ、開いている。

ふたりはうなずき合い、ニシカワくんの家を飛び出しそれぞれ自分の家に帰った。

週が明けて教室で再会した際、眠っていた友達は起きてナエキさんらがいなかったことに文句を垂れたが、ニシカワくんは「な？　言うたやろ？」とニヤニヤ笑った。

ニシカワくんの家は取り壊され、現在は駐車場になっている。

手紙

ヌクイさんの家には数年前に死んだ犬宛てに手紙が来る。差出人は不明だがメッセージはなく、決まって仏閣の写真のポストカードで届くという。目的がわからずヌクイさんは頭を抱えている。

自殺志願者が集うビル

偶然という言葉で片づけられない出来事とは世の中にたくさんある。その代表的な例が〝噂〟ではなかろうか。

例えば『幽霊が出るという噂』の場所だとか、『雨の日に通ると事故をする噂のカーブ』とか。前者は噂が目撃談を呼び、後者は噂が事故を呼ぶ。ほとんどの場合は眉唾だったり思い込みだったりするものだが、それらが呼び寄せる効果というのは馬鹿にできない場合がある。

書店に勤めるノッポくんはそんな噂にまつわる話をしてくれた。

「中学生のとき、『自殺ビル』と呼ばれる建物があったんです。元々は商業ビルだったんですけど立地的に客足が悪かったようで、半分くらいが空き店舗で」

誰が言いはじめたかはわからないが、そのビルから何人も飛び降り自殺をしているとの噂が立った。

「らしい、というのは誰もそれが本当だという根拠を持たなかったからです。あくまで地元の噂で自殺者が多発しているってだけで。でもあの頃の僕たちはみんなその噂を信じていました」

そんなノッポくんは中学時代、テニス部に所属していた。一見、関係なさそうだが大ありだった。

「うちのテニス部は歴代部員が少なくて、試合も弱いし」

それもあって週末はほかの部にコートを使われていた。中央ネットは取り外しができるので陸上部が主に使用していたという。ではノッポくんが所属するテニス部はどうするのかというと、学校から離れた市営公園のテニスコートを借りていた。週末だけ、なぜか公園のテニスコートで練習をしていたのだ。

「肩身の狭い思いをして学校でやるよりかはそりゃあ気は楽でしたけど、だったら週末は練習なしにすりゃいいじゃんって思いましたよ。うちなんて弱小だし、だけど顧問の先生はやる気満々で『努力は報われる！』を地で行くタイプだったんです。だから結局中学校の三年間、通うことになりました」

テニス部でノッポくんたち同級生は三人いた。テニスコートは家から徒歩でも通えたが、バスで行くこともできた。徒歩で通えるのだから当然、学校からはバス代は出ない。だがノッポくんら三人は自費を払ってバスで通っていた。

「僕たちの家からその公園に行こうと思うと、自殺ビルの前を通ることになるんですよ。だからそれは避けたくって、小遣いを使ってでもバスで行っていたんです」

余談だがノッポくんは霊感がある。心霊スポットや曰く付きの場所ではよく得体のしれないものを視た。話しかけられたり触れられたりすることもあるうえに、割とはっきりと視えてしまうタイプのため、自殺ビルのような不吉な噂のある場所は忌避していたのだ。

「とは言ってもそこでなにかを視たとかっていうのは別にないんですけどね。そういう体質なのでいつなにを視るかわからないくらいなら、最初から通らないに越したことないじゃないですか」

他の同級生二人も、ノッポくんに倣って毎週バスを利用していた。口では怖くないと強がっていたが、二人ともノッポくんの体質のことは知っていたからビルには近づかないと決めていたようだった。

だがある週末のこと。

練習が終わり、帰りのバスがやってきた。ノッポくんが乗車し、窓際の席に座ると同級生の二人が乗っていないことに気づく。

どうしたのかと思い、周りを見回したが姿がない。不審に思い、窓を見ると二人は外にいるままだった。

「どうした？　なんで乗らないんだよ」

乗車扉越しに声をかけると二人はノッポくんに振り返り「え〜？」「なにが〜？」とへらへらしている。

いつもへらへらはしていたが、このときはなんだか様子がおかしく感じたという。

「なんて言えばいいんですかね、心ここに在らずというか。なんだか酔っぱらっているような感じでふらふらしてたんですよ。なんだか気持ち悪かったんですけど、早くしないとバス出ちゃうんで、二人に早くしろって言ったんです。でも聞く耳もたないって感じで」

あろうことか二人は乗車を急かすノッポくんに対し、「歩いて帰る」と言い出した。

「でも自殺ビルの前を通ることになるぞ、って言ったんですよ。わかってないはずないのに、って。そうすると二人から返ってきた返事は『え～？』『なにが～？』……と」

揶揄われているのだと思った。二人の悪ノリに違いない。だったらせいぜい怖い思いでもすればいい。

二人の態度に腹が立ったノッポくんを乗せたバスは二人に構わず発車した。

「次の日、学校に行ったら二人が来てないんです。教室のクラスメートに聞いても知らないって言うし、なにかあったのかなって心配になりました。その時には怒る気持ちもなくなってましたね」

朝のホームルームで二人が欠席であると教師が伝えた。だがその言い回しは奇妙だった。

「担任がね、『休んでる二人には連絡しないこと』とか言うんですよ。変じゃないですか？　しかも休んでいる理由も言わないんですよ」

変に思ったノッポくんは廊下で教師を捕まえ、二人について言及した。自分は昨日、テニス部の練習で二人といた。なにがあったのか知らないが自分と関係あるんじゃないのか、と。

すると教師はそうかとつぶやくとノッポくんに「気になるかもしらんがしばらくは連絡するな、わかったな」と教室で言ったことと大差ない言葉を吐いた。これはどれだけ食い下がっても教えてくれないと直感したという。

「休んだ二人のうち一人は幼馴染で、そいつの親とも顔見知りなんです。ダメだと言われたけど気が済まなくて、家に行っちゃったんですよね」

家を訪ねると母親が出てノッポくんの顔を見るなり中へ招いてくれた。友人は部屋にいた。てっきり暗い部屋で三角座りでもしているのかと勝手な想像をしていたが、彼はごく普通の恰好でゲームをしていた。

「お前サボんなよ、なんて冗談を言いながら内心安心しましたよ。怪我とかもしてなさそうだし、病気だって様子もない。話していても普通だし、ちゃんと笑うし。むしろどうして担任があんなに口を噤んでいたのかわかりませんでした」

きっと教師の方が神経質になりすぎているだけなのだと思った。ノッポくんは素直にそう話すとそのままの流れで休んだ理由を聞いたという。

「すると今まで笑って話してたそいつが急に黙り込んでうつむくんです。最初はギャグかな、なんて思ったんですけどどうもマジらしくて。これはおかしいなって、僕も真剣に聞きました。だって二人になにかがあったのはバスで別れた後なのは確かなんですから」

いくら聞いても答えようとしない友人に対し、ノッポくんは根気強く問い続けた。どのくらい経ったころか、根負けしたのは友人のほうだった。

「自殺者の第一発見者になったって言いました」

ノッポくんは驚いて声が出なかったという。友人はことの顛末について説明した。ふらふらともう一人の同級生と歩きながら帰っていると自殺ビルのそばに差し掛かった。いつもなら前を通るのさえ怖がっていたはずなのに、この時はなんとも思わなかった。むしろ妙に気分がよく、上機嫌でふらふらとビルの前を通った。

「おいっ！」

大声で前を歩く同級生を呼び止めた。

「ええ～？」

同級生が立ち止まり、へらへらした顔で後ろを振り返った直後――

ドスンッ

彼の背後になにか大きなものが落ちた。

驚いて飛び退いた同級生と友人が落ちたそれを見たとき、思わず息を呑んだ。そして間を置いて状況を理解すると二人で声を合わせて悲鳴をあげた。

落ちてきたのは人だった。

「あの時、あいつが振り返らなかったら落ちてきた人に直撃してただじゃ済まなかったよ、ってそいつは言いました。本当に間一髪だったらしいです」

そのあと警察が来て事情聴取を受けた。落ちた人は即死で、言わずもがな飛び降り自殺だった。自殺ビルから飛び降りたのだ。

目の前で自殺現場を目撃した心的ストレスに配慮して二人を休ませたのが真相だった。

「もう一人のあいつはどうしたんだ、って聞くと相当参っているからそっちには行くなって言われました。なんでももう少しで落ちてきた人に直撃するところだった、というのと目の前で人の頭が潰れるのを見たので自分よりもショックが大きいって。今回、二人が学校を休んだのはむしろもう一人のほうのダメージがでかいからみたいで」

休んだ理由はわかったがノッポくんには腑に落ちないことがある。ひとつは〝どうしてバスに乗らなかったのか〟、もうひとつは〝どうして人が落ちてくるのがわかったのか〟だ。

「そいつね、それに関しては『わからない』って言ったんです。どうしてバスに乗らなかったのかも、どうしてヘラヘラしていたのかも、そして前を歩いていた同級生を『おい！』って呼び止めたのも、どうしてそうしたのか本人たちもわからないって言ってました。納得がいかなくてしつこく聞いたんですけど、それ以外に答えようがないって……」

ちなみに件の自殺ビルは現在も存在する。

外に出られない

ハナダさんは珍しく待ち合わせの時間より早めに着いた。

早く着いたのでハナダさんは待ち合わせの時間まで周辺のショップなどを見てまわることにした。

「あっ！」

余裕気味にぶらついていたら、つい時間を過ぎてしまっていたのだ。

烈しく自分を責めながらハナダさんは待ち合わせ場所へと急いだ。過ぎたといえど、すぐ近くだ。遅れたのもせいぜい十分ほどだった。

待ち合わせ場所に相手はいなかった。もしかして怒って帰ってしまったのだろうか。

いや、十分程度で怒って帰るような性格ではないことは知っている。では相手もおなじく遅れている、とか？

普通に考えると後者の可能性が高い。不幸中の幸いだと思い、ハナダさんは気を取り直して待つことにした。

しかし、待ち合わせの相手は一向に現れる気配がない。スマホを見るが連絡もなかった。二〇分を過ぎて、いい加減電話することにした。

一度目の電話は出なかった。二度目も出ない。

もしかしたらなにかあったのか？　と頭によぎり、ハナダさんは心配になった。

だが三度目で相手は電話に出た。

「もしもし、どうしたのよ。いまどこにいるの」

『あのね、外に出られないの』

「なに言ってるのよ、怒らないからちゃんと言って」

『家よ。家なんだけど、家から外に出られなくて』

なにを言っているのかわからず、ハナダさんは揶揄われているのかと思った。

「ふざけてるなら帰るよ」

『ふざけてないよ、ドアに辿り着けなくて困ってるの』

「ドアに辿り着けないって……あんたの部屋、ワンルームでしょ」

そこで通話は切れた。待ち合わせ場所に彼女は来なかった。

「次に会ったときに怒りましたよ！　でも彼女、約束なんてしてないし電話もきてないって言うんです。そんなバカなって思ったんですけど、私のスマホからもリマインドも消えていて……。発信履歴もなかったんです。もう気持ち悪くて」

そのことがあってから、ハナダさんと彼女は疎遠になったらしい。

民泊

　外国人観光客が爆発的に増え、人気観光地では宿が取れない。民泊はそんな声に応えるべくして生まれ、瞬く間に全国的に拡がった。コロナ禍でめっきり外国からの観光客が減ってしまったため、需要が減ってしまったが、それまでは至る所で民泊物件があった。

　ほとんどがマンションの一室であったり、民家の一室であったりと地元住民の生活に密着した立地にある。そのためトラブルも多い。

　ゴミ出しのルールを知らない外国人は好き勝手にゴミを捨てるし、生活リズムも文化も違うため真夜中に騒いだり、外に出たりすることもある。特に住宅地ではよく似た外観の住宅が多いため、間違えていることに気づかず民家にずかずかと入ってくる……なんてこともあったらしい。

「とは言いますけどね、多すぎるんですよ」

そう話すのはヒグチさんだ。なんの変哲もない、ごく普通の戸建て住宅に夫婦で住んでいる。子供は二人いるがいずれも独立し、県外で生計を立てている。ヒグチさんも定年を経て、夫婦二人で悠々自適な老後を送るはずだった。

「びっくりして心臓が止まるかと思いますよ。途中からは正直、『またか』って思いましたけど、知らない人が家に入ってくるのは慣れないですよ。体も大きくて怖いし」

ヒグチさんの家は、どういうわけかやたらと民泊の宿泊先と間違える外国人が多い。言葉が通じないので、間違っていると伝えるのにも一苦労だそうだ。

「わからないのはみんな、宿泊先の民泊が全然違うところなんですよ。近かったりするならまだわかるじゃないですか、でも結構遠かったりするし、こないだなんかはマンションに泊ってるはずなのにうちと間違えたんですよ？　そんなことありますか」

今では玄関のドアに英語でここが民泊ではない旨を書いた貼り紙をしている。不思議と近隣の家で外国人が間違えて入ってくる事案は聞かない。

「心当たりってわけじゃないんですけど、前に庭から真っ黒な木の棒が出てきたことがあるんです。見覚えがなくって、気味が悪いから捨てちゃったんですけど。角棒でした。途中で折れていて、なんだかわからない文字みたいなのがびっしり彫ってあったのを覚えています」

外国人は来なくなったが、ごくたまにだが夜中に玄関をノックされることがある。

図書館にて

フミちゃんは友人の姪で読書家だ。あいにくホラー小説はお好みでないらしく、私の著書を手に取ったことはないが、怖いグロい以外なら節操なく読み散らかしてしまうと照れ臭そうに言った。

私が「知っている怖い話はないか」と訊ねると意外にもありそうな表情を見せた。てっきり「あるわけない」と突っぱねられると思っていた。

読書家なだけあり、フミちゃんの憩いの場所は図書館だった。本音を言えば読む本は全部買い揃えたいが読む量と財布の釣り合いがとれないため背に腹は代えられない。週に一度は必ず図書館に通う生活を長年続けているという。

開架式図書館なので、本棚に壁がなく隙間から向こう側が見える。どの棚も本で埋まっているため、向こうの列が気になることはないがごくたまに向かい側の利用者と目が合ったりすることもあるという。

とはいえ映画や漫画のようにそこからなにかしらの仲に発展するようなことはなく、互いに目が合ってもただ逸らすだけ。気にも留めない。

フミちゃんは人に言いたくても言えなかった話があるのだと言った。

聞くと図書館のＦの棚列にはいつも誰かがいるという。単に人気作家の列だからではないかと思ったが、そもそもそこは専門書のコーナーなので頻繁に人がいる棚ではないとフミちゃんは言う。

「Ｆの棚の裏側、つまり私はＧの棚にある本をよく読んでいるんですけどいつもそこから見える人がいるんです。それも手だけ。どういうことかというと、Ｇの棚の中央の段……ちょうど腰辺りの高さなんですけど、その段の本を取ろうとしゃがむといつでも向こう側のＦの棚の前に手だけが見えているんです。手の甲です。最初はただ棚の前で本を見ているだけだと思ったんですけど、いつ行っても絶対に見るし、それに……」

立ち上がって目の高さで見ても手から上の体はない。Ｆの棚に回って見たこともあったが人がいたためしはない。

いつしかフミちゃんはGの棚にもFの棚にも寄り付かなくなった。

図書館のある建物は古く、数年前の地震で被災し休館したまま新施設に移転した。

あの手がどうなったか、今はわからないとフミちゃんは言う。

速報

　ヘグリさんは昔、デパートの夜警の仕事をしていたことがある。

　他の夜警の仕事は知らないが、ひとりで泊まり込んで見回りを行っていたと当時を振り返る。楽な仕事だったと懐かしむヘグリさんは、同時にあんなことさえなけりゃね、と溜め息を吐いた。

　七階建ての広く、大きなデパートだった。今の常識から言えば、この施設をたった一人で見回るというのは有事の際、非常に危険だがこの時代は建前上防犯要員が常駐しているというだけでよかった。

　ヘグリさんは週の半分、夜をこのデパートで過ごした。最初こそ真面目に見回っていたが、慣れてくるとフロアも飛ばし飛ばしで我ながら杜撰(ずさん)な仕事をしていたと笑う。

「気楽なもんですよ。基本的には宿直室でナイターなんかを観ながらね、小便のついでにワンフロア見回って。そんときは防犯カメラなんかも昼間しか動いてないですから。そうそう、いわばわたしら夜警が防犯カメラの代わりみたいなもんで。でもなんにも起こらないですよ、わたしが勤めた五年間でトラブルなんて一度だってなかったんだから」

せいぜい駐車場にたむろする若者を注意したり、カップルが忍び込んで闇に紛れてよろしくやってるのを追い出したりするくらいだ。

だが夜警を辞めるきっかけになったのは五年間でたった一度の事件だった。

「その夜もね、寝そべってナイターを観てたんですよ。お酒はご法度だったんでさすがに飲まないですが、うつらうつらしていましたよ。五年目にもなるともう惰性でねえ、ほとんど家と変わらないというか。違うのは制服を着ているくらいなもんです。けれどピピピピって変な音でハッと目が覚めたんですよねえ」

聞き慣れないアラーム音に驚いて周りを見回すが、音に該当しそうな機器には異常がない。頭を掻き、呆然としていると再度ピピピピと音が鳴った。今度はすぐに音の出所がわかったという。

「テレビですよテレビ。ナイター中継の途中でニュース速報が出たんです。あれはその音だったんです」

なんだテレビか、と安堵しながら画面上部に張り付く白い文字を見た。

『水』

「テレビ局のミスだと思いましたよ。ええ、だって一文字ですよ。しかも、『水』って、意味もわからないし。だから変だとは思いましたけどね、それほど気にはならなかったんです」

しかし妙なことに画面上部に表示された『水』の一文字はヘグリさんがテレビを観ている間中消えることはなかった。

「どのくらいですかね、深夜一時を回っていたかと記憶していますよ。お恥ずかしい話、ちょっと一眠りしましてね。目が覚めてから一回行っとかないとなあ、とフロアの見回りに出たんです。ここからはよく覚えています、あれは二階の女子トイレでしたよ」

普段の見回りではトイレももちろん回るが、異常でもない限り中までは入らない。

しかし、この日のヘグリさんは妙な胸騒ぎを覚えた。

「なにか厭な予感がしたんです。女子トイレをライトで照らしたときにね、あの『水』

っていう一文字が頭に浮かんだんですよ。それでなんとなしに中に入ってみると……わたしは大声を上げましたね」

一番奥の個室、便器が血まみれだった。そして、便器の中には——

「赤ちゃんですよ。産まれたてのね。うんともすんとも言わないの。ええ、死んでいたんです。溺死だったそうですよ」

このことは当時の新聞にも載った。若い妊婦が産む場所に困ってデパートのトイレで子供を産み落とし、そのまま便器に捨てた。すぐに逮捕され、警察の調べによると妊婦はトイレの中で閉店を待ち暗くなってからひとりで出産したと供述している。赤ん坊は死後数時間が経っていた。

「考えすぎかもしれませんがね、あのとき『水』って出たのがあの赤ん坊のSOSだったような気がしているんです。わたしがサボらずに見回っていたらあの子は死ななくても済んだのかもなあ、なんて思っちゃうともう働いてらんないですよ」

ヘグリさんは悲し気に目を落とした。

なおその年、ニュース速報のミスがあったという事実はない。

実録小説

凶宅

来年、息子が中学生になる。

今まではだましだましやってきたが、いよいよ『自分の部屋が欲しい』と言い出す年頃だろう。親の強権を振りかざし、黙って我慢しろと押さえつければおとなしく従うくらいには育てたつもりだが、さすがにかわいそうだし時代にそぐわない。

彼がこの世に生まれて十二年、このオンボロ借家で暮らしてきた。家に恨みはないがそろそろ家族としても新しい環境が必要なのは明白だった。

穂積(ほづみ)一貴(かずたか)は妻の瑠美とここのところそんな話ばかりをしていた。結婚よりも妊娠が先だったため、とにかく先に住むところを探し、見つけたのが今の家だ。想定では子供が小学校に上がる前に家を買うか、他に引っ越すかするつもりだった。物件を探したり、新築を購入した友人の話を聞いたり、そんな期間がだらだらと続きすぎたのか、いつしか家に対する情熱が冷めてしまった。

いつか縁があるはず。楽観的に過ごしながらついに逃げられないところまで来てしまったようだ。いや、今がそうでなくともそれは時間の問題なのに違いない。

そうして重い腰を上げる決意をして早々、郵便受けに投函されていた不動産屋のチラシに目を見張った。

瑠美と相談した結果、物件選びにはいくつかの条件があった。

・現在の学校の校区内であること
・三千万円以下であること
・二階建てであること
・ガレージ付き
・オープンキッチン

……である。

無論、すべての条件に当てはまる物件を引き当てるのは至難の業だ。目をつぶれるところはつぶりたいと思っている。だがあくまで最初の理想は高く持つべきだという意見で瑠美とは一致している。

チラシに記載されていたのは、ひとつを除いて条件をクリアしている物件だった。

一貴は早速瑠美に報告をした。瑠美が不動産屋に電話を入れたのはその日のうちだった。彼女もこの物件にはピンときたらしく、まさしく縁だと思った。このタイミングしかない。

あれよあれよという間に話が進み、その週の週末には三木という不動産会社の営業がやってきて内覧させてもらえることになった。

「えっ、ここ？」

驚きの声を上げたのは息子だった。今住んでいる借家からすぐ近く、徒歩にしてわずか二分ほどの場所にその家はあった。十二年もこの地に住んでいるのだから、一貴たちも見覚えのある物件。実際、目の前で立ってみると家族全員が「ここか」という感想を抱いた。

二階建て、ガレージ付き、校区内。ただひとつ、キッチンだけが条件と違う。だが充分に優良物件だ。

「どうもはじめまして。安孫子不動産の牧野です」

突然、横から声をかけられて面食らった。振り向くと男が二人、腰を低くして立っている。

「私、三木の上司で牧野と申します」

そう言って名刺を差し出してきた。

「はあ……」

名刺を受け取りつつ、三木からはなにも聞かされていなかったので戸惑ってしまった。

　そして、牧野の隣にはがっしりとした体格で色黒の肌をした男がいる。

「こちらはリフォームなどの工事をお願いしている向井田さんです」

　牧野が紹介すると、向井田は「どうも」と頭を下げ名刺を差し出した。

「押しかけてすみません。三木はまだ三年目でして、本来なら任せるべきですがこの物件はとてもおすすめの優良物件ですので、お客様への説明のサポートになればと参りました」

　牧野はよく回る舌でリフォーム業者の向井田を同伴したのは、物件のリフォームやクリーニングに対する疑問についてスムーズに答えるためだという。

　それというのも瑠美が安孫子不動産に電話をした際、間取りを見て唯一キッチンだけに不満を抱いているという話をしたのだそう。次に引っ越すのならリビングと一体型になったオープンキッチンがいい、と前々から強く決めていたらしい。そのためこの物件に魅力を感じながらも、キッチンだけが心に引っかかっていた。

　牧野が向井田を連れてきたのは、内覧と同時に現状のキッチンをオープンキッチンにリフォームする見積もりをその場で出せるよう先回りした、ということのようだ。

瑠美は手厚い待遇に感激していたが、一貴はすこし不審に思っていた。

――そこまでするかな……？

やってきた安孫子不動産の三人は少しでも早く決めてしまおうとしているように見える。担当者の上司がリフォーム業者を連れて現れ、饒舌に物件を勧め、見積りもその場で出すという。家を売る側としては案外こういうものなのかもしれないが、どうしてそんなにも早く決めたいのかが気になった。

不動産営業の常套句かもしれないが、しきりに「早く決めないと他の人に決まってしまう」と言う。確かにそうかもしれないが、家は大きな買い物だ。その場で即決といけないのは当然の理ではないか。

だが内覧をしてみて牧野がせかす理由も理解はできた。

「綺麗ですね」

「ええ、前の方がとても綺麗にお住みでして」

聞けば築十一年。手放しに新しいとは言えない築年数だが、そうとは思えないほど綺麗だった。壁や床に傷はないし、住宅機器も真新しく見える。さすがにコンロ周りと浴室などの水場には若干の生活感は残っていたものの、それを除けばつい最近まで十年以上人が住んでいたとは思えなかった。

「参考までに前の方はどうしてここを離れられたんですか」

「家族が増えられた、とのことです」

二世帯で住んでいたが子供が生まれたのか、それとも別居していた家族と合流することになったのか、とにかくこの家では狭くなった……ということらしい。

牧野らの前のめり加減はすこし気になりつつも、物件はすこぶる感触はよかった。なんだかんだと言って綺麗な状態なのはいい。二階も広いし、部屋も多い。苦言があるとするならばキッチンの件と、家族三人では広すぎるかもしれないという点くらいだろうか。

しかもキッチンの件も、見積りの結果高くても百万はかからないとのこと。充分に予算内だ。

「どう？　ここで決めちゃおっか」

気もそぞろに同意を求める瑠美に「う〜ん……」と曖昧な返事をした。

「どこか気に入らないところあった？」

「いや、ないよ。ないけど……」

そのあとが続かない。文句なくいい物件だった。おそらく、ここを逃せばこれ以上の物件とは出会えない。それは直感している。

だがどうも決め手に欠ける……というより、根拠はないがここじゃない気がしていた。

よく家を決めるのと結婚は似ているという。要はピンとくるかどうかだという話だ。家も同じで、縁があればひと目見た時点だったり内覧した時点でピンとくる。この家はそんな感覚があってもおかしくないのに、なぜかピンとこなかった。理由を訊ねられても答えられないのがまた自分でもよくわからない。

「ちなみにですね、この物件では――」

雲行きが怪しくなってきたのを感じ取ったのか、三木を差し置いて牧野がベラベラとプレゼンとしはじめた。乗り気だった瑠美も一貴の様子を見てすこしおとなしくなっていた。

「ママ、ちょっと……」

ふと息子の大(まさる)が瑠美の手を引いた。牧野らの話を聞いている間、好きに家を見て来いと言って放置していたのがいつのまにか戻ってきていたのだ。

ごにょごにょと耳打ちをしたかと思うと玄関へと消え、すこしすると戻ってきた。そしてなにもなかったかのように牧野の話を聞く。

「どうかな、このおうち気に入ったかい?」

話の節目で牧野が大に訊ねた。

「うん……」

瑠美と同じくすっかりここに住んだつもりではしゃいでいると思っていたが、意に反し大は苦笑いのような複雑な表情を浮かべた。手放しに気に入っている、という顔ではない。

牧野の話をひとしきり聞いたあと、改めて内覧させてもらった。その際、二階へ上がるところで大に呼び止められた。牧野が同行していないのを見計らってのようだった。

「あれ見て」

それを聞いて瑠美も悟ったのか困ったような目を向けた。

大が指差す方向を見て合点がいった。玄関ドアの内側にお札が貼ってあったのだ。なるほど、さっきの複雑な表情はこれが理由か。

確かに気味が悪いが、宗教上の理由でああいうものを貼っている家は珍しくない……と説明してやると、すこしだけほっとした表情を見せた。

「大はどうしてこの家がいい、って思わないんだ？」

息子がいまいち乗り気でないのはお札のせいだけでないのは知っていた。一貴自身もそうだが根拠に乏しい。大がどのように思っているのか聞いておきたいと思った。

「わからない。でも……なんだか目線が気になる」

「目線？」

大は言いながら、二階の窓に目をやった。

窓からは向かいの家のバルコニーが見えている。確かに目線は同じだし、互いに開放していれば目も合うだろう。今住んでいる家は二階建ての借家だが角の立地だし、正面の家は長らく空き家だ。老朽化も烈しく、今後も入居者はないだろう。それゆえ、これまで他人からの視線を感じたことはない。それが大が厭がる理由なのかもしれない。

それを言うと大は「それもそうだけど」と言いつつ、階段の中窓からのぞく隣家を指差した。窓から手を伸ばせば余裕で隣家の壁に触れる。この密着さも厭だと言った。

だがそれを言えばどこの住宅地でもそういった問題はつきものだ。どこかは目をつぶらざるを得ない。

「目線が厭なんだよね……」

だがどれだけ説明しても大の表情から曇りは晴れなかった。思うに、本人が『目線』の正体を言葉にできないのではないか。隣人の視線というより、なにか別の視線。大はそれがなんなのかわからない。気のせいかと言われれば気のせいで片付けてしまえるほど、微かなもの……なのではないかと一貴は考えた。

落ち着いて見てみると二階の作りもどこかおかしい。各部屋は隣接し合っており、廊下を経由しなくとも行き来ができる扉がついている。つまりすべての部屋をつなげることができるのだ。

三木はこの作りを「便利ですよ」と勧めていたが改めて考えるとどういう意図なのかよくわからなかった。

「ひとまず今週いっぱい、家族や親とも相談して返事をします」

「ええ、是非ともそうしてください。家を買うのは人生でそう何度もありませんので」

慎重に考えろと言葉では言うが顔はそうは言っていない。早い者勝ちだぞ、ぼやぼやしていていいのか、とにこやかな笑顔に張り付いているような気がした。

家族の中で瑠美だけがあの家を気に入っていた。帰ってから家族会議を開いたが煮え切らない男衆に苛立っているのがわかった。その後、瑠美は母親や妹にも相談したが、そもそも中古住宅を購入することに難色を示していて話にならなかったという。さすがに旗色が悪くなってきたのか、瑠美の熱も冷めていった。

「ねえ、あそこの前の住人どんなだったか知ってる？」

そんなとき、瑠美が興奮した様子で言ってきた。

「どんなだったかって、どういうこと？」

聞き返す一貴を待たず、瑠美はスマホの画面を見せてきた。

画像にはびっしりと字が詰め込まれた住宅地図があった。各住宅には手書きで住民の名前が書き込んである。

「ええっと、ここ見て。こないだ内覧した物件」

瑠美が指差した住所には複雑な漢字がふたつあった。二文字の苗字ではなく、ふたつ。その間には〝&〟と入ってある。

「なんて読むんだこれ」

「わからないけど、『○&○』っていう表記、なんかおかしくない？」

「家族が増えたって言ってたよな？　二世帯とかならその表記は変じゃないけど」

難しくて読めない漢字一文字がふたつ……つまり、考えられるのは中国人の家族がここに住んでいたことになる。（漢字の難読さから韓国ではないと思った）

「私、ネットで物件とか結構見るけどこんな表記あんまり見ないんだよね……」

「そりゃあお前が見たやつがたまたまそうだっただけだろ。それだけでおかしいってことはないよ」

「それだけじゃないの。実はね、あそこの家の郵便ポストに会社の名前があったの気づいた？」

「会社？」

「そう。『株式会社△△』って。多分、テプラかなんかで貼り付けた簡素なものだったから、剥がしたのに印字だけが残っちゃってたっぽいのよね。だからよく見ないとわからないくらい」

瑠美は内覧の日、反応がいまいちの一貴にその家を諦めかけていた。恨めしく外観を凝視しているときに剥げかけたそれを見つけたのだという。

「ネットでその会社も調べたんだけど、ホームページはあったけど中身がすかすかでなんの会社だかよくわからなかった。ただ、○○市で美容系のショップを運営しているって書いてあったからそのお店も調べたの」

「それで、どうだった？」

「レビューサイトに登録はあるんだけどね、口コミはゼロだった。マップで調べたけどそれっぽいお店は見当たらなかったし、名前だけはヒットするのに営業しているのか存在するのかさえわからなかったの」

「つまり実体が掴めない会社ってことか？」

瑠美はうなずいた。

「会社の所在地がふたつ記載されていて、ひとつはお店でもうひとつはあの家なんだ」

途端に気味悪さが増した。一体あの家に住んでいた住民とは何者だったのだろうか。

週が明けるのを待って、安孫子不動産には今回はやめておくと伝えた。

瑠美の話によると電話口で三木がしきりになにが決め手にならなかったかを聞いてきたという。その反応は予想できたが、考えていた以上に執拗に訊かれたと瑠美は話した。

それから毎週のように電話がくるようになり、しまいには瑠美は怒鳴り声を上げて一方的に通話を切り着信拒否をするに至った。

この話はこれで終わるかのように思ったあるとき、一貴は友人との飲み会で気になることを聞いた。飲みの席で件の家の話をしたところ、不動産会社に勤めていた一人が一貴に「天井裏と床下は見たか」と訊ねてきたのだ。

「優良物件なのになぜか売れない物件ってあるんだよ。こっちとしちゃ、放っておいてもすぐ売れる物件だから早く売っちゃいたいわけ。他社との取り合いでもあるしね、だからその新米くんが必死になるのも上司が出てきちゃうのもわかるよ。でもね、たま〜にそうじゃないものもあるんだ」

【木工厭勝（もっこうえんしょう）】という中国の呪いがある。

中国では怪現象が起こったり不吉なことが起きる家のことを【凶宅】と呼ぶ。（他にも鬼屋、鬼房子と呼ぶことも）

怪音や物が動いたりする怪現象ならまだいいが、実害を被る災厄は洒落にならない。

こういった凶宅に住んでしまった住民は引っ越しを余儀なくされる。ただし、それはあくまで借家の場合であって購入した家の場合はそうもいかない。

そのため家主は家を建てる土地には特別な気を配り、凶宅にならない土地に家を建てる。なぜなら凶宅に至るほとんどの場合がその土地に宿る穢れによるものだからだ。穢れとは処刑場であったり、墓地であったり、戦場だったりした場所だ。いわば人の血が多く流れたり、死者の思念が土地に染みついたりしたところに家を建てるな、というわけである。

だが土地や場所に染みついた穢れでなく凶宅になってしまう場合がある。それは人為的に凶宅を作り上げてしまう、いわゆる呪い。それが【木工厭勝】なのである。

その昔、中国の木工職人（大工）は地位が低かったらしい。そのため家を建てる家主と職人の間には埋めがたい格差が存在していた。その格差を利用して一部の家主は給金を安く叩いた。そんなとき立場の弱い職人は逆らうことができず泣く泣く受け入れるしかなかったという。

だが職人たちもただでは応じない。横柄な家主に対し、こっそりと建てた家に呪いを施した。それが人為的な凶宅を作り上げる呪法、【木工厭勝】なのである。

「ごくまれにあるんだよ、日本の家屋にも。中古物件に」

「ど、どうして。その話だとそれは中国での話だろ。そもそも昔の話だし、仮に現代でもそれがあったとしても日本で家を建てるのは日本の業者じゃないか。在日中国人が日本の大工に強くあたるなんてこと考えられない」

「そうじゃないって。確かに中国では職人が家に仕込む呪いなんだけど、日本で【木工厭勝】が施される場合、次の住民に対してなんだ。〝日本の〟というより〝現代では〟と置き換えるのが正しいな、今の中国で職人の地位が弱いなんてことはないし」

「次の住民？　……待てよ、それって」

「家を出ていくときに次に住む人間を呪うんだ」

「なんで？　どうしてそんなことするんだよ！」

一貴は思わず声を張り上げた。自分が呪われたわけではないが、危うくあの家に住むところだったのだ。

「落ち着けよ、なにもその家に【木工厭勝】がされているとは言っていない。むしろその可能性は限りなく低いと思うよ？　ただ話を聞くと正体がよくわからないってことだから、そういう話もあるにはあるよってだけだ」

都市伝説みたいなもんさ、と友人は枝豆の皮を指でつぶした。

一部では住んでいた家を手放す際、その家の価値を下げるという考えがあるらしい。そうすることで自分が買ったときよりも高く売らせないという一種の優越思考だ。だが手放すときには売れないと困る。だからそれを見越して極力綺麗に住む。

友人は一貴にこうも言った。新築住宅の値打ちが一段階下がる目安の年数がある。一概には言えないが大体十一年から十四年くらいらしい。ある中国人グループは家族ではない数人のグループで新築住宅に暮らし、十一年から十四年の周期で家を売って次の新築に移る……ということをしているという噂もある。あくまで噂は噂の域を出ないが、一貴が内覧した例の家の築年数は十一年……その考えをあてはめるとすれば、条件には一致する。

「次に売るときには価値が下がってなくちゃ困るんだってさ。だから床下や天井裏に【木工厭勝】を仕込んで出ていく。それで聞いたんだよ、天井裏と床下を見たかって」

「普通、家の床下なんて簡単に入れないだろ～」

一貴たちの会話を聞いていた別の友人が横からちゃちゃを入れた。

天井裏は見たが不審な点はなかった。だが一貴は内覧のときの牧野とのやりとりがよみがえった。

リビングの隅に地下収納のスペースがあった。クローゼットの前に蓋があったので、不思議に思い牧野に訊ねると「いいえ、これは別に変なことではないですよ。ほら」と蓋を開けて見せた。

「ここの収納箱を取れば床下にも潜れるんです。まあ、そんな機会はないと思いますが」

簡単に床下に潜れる。ということは前の住民が潜ることだってできたということだ。

一貴の脳裏に大が発見した玄関に貼られたお札がよぎった。見たことのないお札……、いや見たことはある。ただし、映画の中で見たことがあるお札だ。

あのときのお札はそれに似ていた。その映画とはキョンシーの映画だった。

すぐに売れてしまうだろうと言われていた優良物件は、数か月が経った現在も新居者はいない。

呪いはなかったと信じてはいるが、気味は悪い。

絵馬

ああどうも。ええっと、今日は怖い話を聞きにきたんやて？　幽霊とか妖怪とかでんでもええんかいな、それやったらわしにもあるわいや。せやけど、この怖いっちゅう感覚、わかるかわからんで。あくまでわしが怖かった、っちゅうだけやからな。

兄ちゃん、あそこの商店街わかるか？　おお、そうや。そこのな、四つ目の角の……沖縄の物産売ってるおっちゃんの店あるやろ、そうその店を目印に角曲がるねん。そんでそこをビューッとどんつきまで行ったところのな、坂をダッと上がったところに神社あるやろ？　知らんか？　ええわ、とにかくあんねん。

あそこの神社な、縁切りの神さん祀ってんねやて。おっとろしいやろ。やけどほんまにおっとろしいんはこっからやで。

あそこは公に縁切り神社やと謳っとらんねん。せやけど知る人ぞ知るっちゅうかな、たまにおるんや。あそこに縁切り祈願に来よるのが。

わしもなしばらく知らなんだ。〇〇（個人店の店名）のハチ坊のおっさんがな、飲みに行ったときに口を滑らしよったんや。口を滑らしたってなんや、やて？

そらハチ坊のおっさんのあの慌てふためいたサマ見たらピンとくるわ。ああ、ほんまは他人に言うたらあかん話やねんな、て。多分やけどな、地元でもごく一部の人間しかあそこが縁切り神社やっちゅうことは知らんのやと思う。そうやないとそれ目当てのやつが殺到しよるからな。人間、人の幸せより不幸を真剣に願うもんや。

このことは誰にも言うなっちゅうて釘を刺されたんやけども、兄ちゃんは運ええな。話したるわ。ほんまのところ言うと、誰かに言いとうて仕方なかったんや。

ちゃうちゃう、神社のことやない。わしが神社に行ったときの話や。

ハチ坊のおっさんが言うた通りに行ったら神社があったわ。そのこと自体は知っとった。ただ行く用事もあらへんかったから、おっさんから聞くまで忘れとったわけや。まあそないなこともあるやろ。

そんで来てみると別になんもあらへん、普通のこぢんまりとした神社やった。こないなところで縁切りやっちゅうても説得力あらへんやんけって思うて、境内に入ったんや。

社殿のそばに絵馬を飾るところがあってな、どんなこと書いてあるんか思うてある一枚を手に取って裏を見たんや。ほんだらな、『だれだれが死にますように』って書いてあんねん。どひゃーって思うたわ、ほんまにびっくりした。そんでこんな人目につくもんにそないなことよう書けるわ、って怖かったわ。

ほとんどの絵馬がだれだれとの縁を切ってくれとか、死んでくれとか、病気になれ、事故になれ、もっと具体的なんでいうとフルネームと住所があって、そこが火事になってどんな火傷で苦しんでいつごろまで生きた挙句、悶絶死しろっちゅうのんまであった。

普通やったら笑うてまうんやけどな、こんときばかりはおっとろしかったで。

あ？　なんで笑うてまうんかやと？

そらそうや、他人ごとやったら笑ってしまいやろ。そこにわしの名前があったからおっとろしかったんや。

こんな話でもええんか？

帰宅

　メイさんの実家は一階が店舗で二階が住居だ。

「実家は居酒屋をやってて、裏のドアが直接二階へ続く階段になっているんです」

　住居は三階建て。リビングは二階で店に直通している階段がある。メイさんの部屋は三階にあった。

「いつも焼き鳥とか焼き魚の脂と酒のにおいが染みついた家で厭でした」

　メイさんが大学生になってから、次第に帰るのが遅くなった。臭い家に帰りたくないという理由もあったが彼氏ができたのが大きかった。

「うちの店、いまもやってるんですけど両親は夜ずっと店に出ずっぱりで。子供も私だけなんで、放っておいても大丈夫な年ごろになってからはいつも部屋でひとりきりでした」

暇な合間を縫って店で作った夕飯がリビングのテーブルに置いてあるのが普通だった。娘をひとりきりにしているのを気にしているのか、手を付けなくてもなにも言われなかった。

「中学生くらいからもうそんな感じでしたね。スマホを持ってからはほとんどLINEで会話してましたし。朝はふたりとも寝てるから両親の顔を一度も見ない日なんてざらでした」

それにひとりきりの家で（厳密には一階の店舗に両親はいるのだが）怖いこともあった。部屋にいると階段を上がってくる足音がして両親のどちらかが上がってきたのかと思っていると誰もいない、ということが頻繁にある。それに部屋に入ろうとすると中から人の気配がしてドアを開けると誰もいない……が、細かいものの位置が変わっていたり物が落ちていたりすることがあった。

いくら一階に家族がいるからといっても平気ではいられない。何度か相談したが「気にしすぎだ」と笑われただけだった。そうこうしている内に、いつしかメイさんは自分の部屋よりも二階のリビングで過ごすことが多くなったという。

「二階だと一階の両親の声とかお客さんの声とかが漏れ聞こえてくるんです。最初はうるさいなと思って部屋で過ごしていたんですけど、変なことが起こるようになってからは人の気配があるだけで落ち着くようになっちゃって」とメイさんは二階で過ごした理由を話す。

もとより生活のリズムが両親とズレているので、メイさんがあまり帰ってこなくなっても家族間の関係性は大して変わらなかった。むしろＬＩＮＥでの連絡が増えたことで関わりは多くなったともいう。

「『いまどこにいるよ』とか、『なにか買って帰ろっか』とか、お母さんには気軽に聞いたりできるようになりましたね。普通だと帰るの遅いと怒られそうなものですけど、うちはそうじゃなかったんで私も家で変なことあるよりか気が楽だったし」

ただ、不可解なのはメイさんが体験した怪異とも取れる現象について両親は終始懐疑的だった。それはメイさん以外の両親には起こっていないという裏返しにもなった。

「最初はお母さんが勘違いしてるだけだと思ったんです」

メイさんが語ったのはある夜の些細なできごとだ。いつものように彼氏と一緒にいると母親からＬＩＮＥがきたという。

「『おかえり』ってひとことだけきて、なんのことだろうと思って」

メイさんは『?』とひとことだけ返信した。すると母親からは『ご飯は冷蔵庫にあるから適当にお願いね』と返ってきた。

「ああ、私が帰ってきてるんだって勘違いしてるんだろうなって思いました。なんか微笑ましいし、このときはそのままにしました」

だがしばらくした夜、メイさんが外にいるときに母親からまた『おかえり』とLINEがきた。またださ、と思いながら前と同じく『?』と返す。

『よかった。ちょうど録画したい番組がはじまるところだったの。四チャンネルの番組録っといて』

これはさすがに放置するわけにいかず、『私帰ってないよ』と返した。

『え? 冗談言わないでよ。いま、階段上がっていく音が聞こえたわよ』

メイさんはしめた、と思った。自分が頭を悩ませている怪異が本当にあるものだと母親に知らしめるチャンスがきたのだ。

『ほらね、私が言った通りでしょ。変なのよその家』

するとそれっきり母親からは反応が返ってこなくなった。もしかすると誰もいない家に響く階段を駆け上がる足音に震えあがっているのかもしれない。そう思うと気の毒だが、散々自分を信用してこなかったのだ。一度くらい怖い目にあってもらわなければ困る。

内心心配ではあったが、その日メイさんは遅くまで帰らなかった。

翌日、起きると珍しく母親がリビングにいた。

「うちのお母さん、普段は絶対そんな時間に起きてこないんですよ。ほとんど毎日、朝まで店やってるんで。だけどまだ午前中なのにリビングでテレビを観てて……。そして機嫌悪そうに『なんで録画してくんなかったの』って言うんです」

どういうことか訊ねると母親は「もういいわ。いじわるな子なんだから」と拗ねた素振りでメイさんに皿を差し出した。ホットケーキが乗っていた。

「なにこれ？　って聞くとお母さん怒っちゃって。『あんたが昨日食べたいって言ったんじゃない』って。わけわかんなくて事情を聞いたら、ＬＩＮＥのあとお母さんが私の部屋まで行ったらしいんです。そしたら鍵がかかってて、私の名前を呼びかけたんです。信じられないんですけど、そうすると中から返事がしたって……」

閉め切られたメイさんの部屋の中から『ホットケーキが食べたい』と声がしたそうだ。

母親は録画をする見返りにホットケーキを焼け、ということだと思い、明日の朝に作ってあげると約束した。だからメイさんが起きた時間に母親がホットケーキを焼いて待っていたというわけだ。

「『楽しみにしてたのに！』ってすごく怒られました。でも私はたまったもんじゃないですよ、それから必死に訴えて部屋を移してもらいました。あんな部屋、一秒でもいたくないですよ」

現在、メイさんは実家を離れひとり暮らしをしている。あの部屋は今、物置になっているという。

「いまでもたまにお母さんやお父さんから『帰ってきているの？』とＬＩＮＥがくることがあります。さすがに今は信じてると思うんですけどね」

帰ってもいないのに家族から『おかえり』と言われるのは、案外怖い。

雨宿り

　急な雨というのは災難以外のなんでもない。空は真っ暗、温まったアスファルトに雨粒が叩きつけられ、なんとも言えない湿気が独特の臭いを立ち昇らせてくる。某駅で下車し、出口を出てすこし歩いた途端豪雨がモズヤさんを襲った。

　町はたちまち灰色のフィルタがかかったようにくすみ、爪で傷をつけたような細い雨がとめどなく降り注いだ。ぬるい雨と汗が混ざり合いシャツがべっとりと肌に張り付く。これから人と会うというのにたまったもんじゃない、とモズヤさんは愚痴った。

「どこか屋根のあるところは……」

　雨宿りができるような建物がないか探す。笑ってしまうくらいになにもない。こんなになにもない場所だったか、と疑問に思った。

ふとそこに巨大な黒い円形状のドームが視界に入った。アーチ状になっていて、中は空洞のようだ。もしかしてバス停だろうか。それにしては変わった形だ。とにかく急いでドームに駆け込んだ。

ふぅ、と溜め息をつき、ドームの中から灰色の雨空を見上げた。

「なんだありゃ……」

黒い飛行機の影が見える。雨の日に飛行機が見えてもおかしくはないが、形状に違和感があった。

「雨宿りでっか」

不意に声を掛けられ、ぎょっとした。振り向くといつの間にかそばに老人が立っている。

「ええ、困ったものですよ。突然降るんですから。天気予報ではそんなこと言ってなかったのですが」

「こない辺鄙なとこ来はって、お仕事でっか」

「ちょっと仕事でしてね。いや、慣れない土地なので……でも、いいところですね」

「ああ、そろそろB29がおらんなったんちゃう？　外出てええで」

「は？」

老人の言葉に釣られ、外を見て目を剥いた。空はピーカン、真っ青な快晴だ。

「えっ、あの……」

振り返ると老人はいない。それどころか、暗いドームの中にはモズヤさんしかいなかった。

呆然としたモズヤさんはゆっくりと外に出た。今のは一体何だったのか。

ドームを振り返って青ざめる。ドーム状のバス停だと思っていたそれは掩体壕（えんたいごう）だったのだ。

【掩体壕】とは戦時中、物資や装備品、戦闘機など大型軍用機を格納し敵の空襲から守るために作られたコンクリート造の壕。ほとんどがかまぼこのようなアーチを描いた形状をしている。特に飛行場のそばには何基もあった。

モズヤさんは航空機器販売メーカーの営業職で、この日向かっていたのは某空港だった。

あとで聞いたことだが、この空港はもともと太平洋戦争時の飛行場だったらしい。

券売機

「怪談なんてない」と豪語する人に対し、粘って粘って聞きだした話には時折飛び抜けて意味不明な話がある。そもそも「ない」という人から聞きだすためにはこちらから怪談を色々聞かせて、『怪談脳』を起こす必要があるわけだがこれがまた大いに時間がかかる。それでも粘ってしまうのは、ヤスダの話のような出会いをつい期待してしまうからである。

前もって断っておくと、ヤスダはこれを『怪談』としては語っていない。あくまで『変な人の話』として語ってくれた。前置きが長くなってしまうが、話自体はごく短いのでご容赦願いたい。

ともあれ、ヤスダは怪異だとか心霊だとかというものに対しては否定派だし、ＵＦＯをはじめとしたオカルト話にもまた耳を貸さない。私の怪談を聞かせても終始懐疑的な光が瞳から消えなかったし、どこかバカにしたような態度でさえあった。

言ってみれば怪談語りからすれば天敵のような人間である。彼にはちょっとした貸しがあるので、無理矢理話に付き合わせ、怪談を聞きだすことにしたのだ。繰り返しになるが、信じていない人間が持っている怪談とは実に魅力的だ。

あるとき、腹を空かせたヤスダが近所のラーメン屋に入った時のことだ。

普段はスッと入れるはずの店がやけに並んでいた。テレビか雑誌にでも紹介されたのかと思い、中を覗いたが満席というわけではない。不審に思い、列の先頭を見るとひとりの男がまごついていた。

この男が券をなかなか買わないせいで列ができていたのだ。

こんな状況はすぐに終わると高を括ったヤスダは列に並んだ。しかし、一向に前に進まない。一体全体、なにをそんなにまごついているのかと思った。そして、どうしてそれについて誰も男に文句を付けないのか。

一回、そう思うとどうしても気になった。そういえばなぜ店員でさえも声をかけないのか。券売機のほうを見ると困り果てた顔で立ち尽くす店員の姿がある。並んでいた客の何人かが待ちきれずに列から離れ、前には詰めてきたが男が券売機を占領しているため根本的な解決には至っていない。

「券売機がただいま使えない状態でして、ひとりずつ注文を聞いております」と言って違う店員が列の客ひとりひとりに聞いてまわった。

その結果、券売機の男だけを残してすべての客が店内に入ることができた。

だがヤスダはもはやラーメンどころではない。男のことが気になって仕方がなかった。口の中を火傷しながら急いで食べ終えたヤスダが券売機の男に近づき、観察しながらゆっくりと店を出た。

男は位牌を持ってお経を唱えていた。手首には数珠がかかっており、もう片方の腕で白いなにかを抱えている……おそらく骨壺だ。お経を唱えながら券売機のボタンをデタラメに押しまくっていたという。

ヤスダは笑いながら「危なすぎて手を出せなかったんですね。俺とすれ違うように警察が来て一件落着したみたいです。こんな話しか持ってないってことですよ」と話した。

とんでもない。充分、奇妙な話だよ。

また今度、同じような方法で怪談を聞きだしてみたいと思う。

中古のボイスレコーダー

「やっぱり仕事で使うものをケチっちゃだめですね。そんなの基本なんですが、あのときは仕方なかったというか」

と話すのはライターのユアサ氏だ。

数年前のこと。

出先で愛用しているボイスレコーダーが故障してしまった。

「いや、自分が悪いんですけどね。胸ポケットに入れていて、トイレでつい屈んじゃって。ドボン、って」

ははは、と笑いながらユアサ氏は早急にボイスレコーダーが必要になった経緯を述懐した。

「スマホのアプリでもよかったんですけどね、スマホはスマホで使うんであんまり一台にタスクを詰め込みたくないんです。ちょっとした操作ミスで録音止めたりしちゃうこともあるし」

それでユアサ氏は家電量販店を探した。が、そのとき彼がいたのは山間部の小さな集落が点在するような郊外だった。コンビニすら見つけるのは難しく、あるのは野菜の無人販売や日用品と生鮮食品が同居する小さな雑貨店くらいだ。

さすがにこんな状況ではしょうがないか……と諦めかけていたユアサ氏がふらっと立ち寄った雑貨店で、奇跡的な出会いがあった。

「あったんですよ。ボイスレコーダー」

埃のかぶった掃除機や分厚い液晶テレビ、電気ポット。そのどれもがおそらく中古品なのだろう、その中にちょこんとテレビのリモコンのようなボイスレコーダーが並んでいた。

「思わず声が出ましたよ。古いタイプのものでしたがＵＳＢハブもあったし、正直音質は期待できなかったけどあるとないとじゃ全然違うので、即買いましたね。八十過ぎのじいさんが店主で、それがなにかわかってない様子でした。値段が貼ってなかったのでしばらく唸り声を上げて考え込んでましたね」

結局、店主は値段を思い出せず五百円でユアサ氏は購入した。形式が古かったことがこのときはちょうどよかった。充電式ではなく電池式だったからである。幸運にもそこは雑貨店なので電池もある。渡りに船とはこのことだと思った。

「取材先はそこから四キロほど行った集落で、道中にこんな幸運はないだろうなって正直興奮しましたよ。ツイてるなって。でもそう上手くはいかなかったんです」

ボイスレコーダーは壊れていた。

「いや、壊れていたかどうかというのは本当のところわからないです。でもね、あきらかにおかしかったんですよ。いやあ、変な音声が収録されていたとかそんなことはないです。ちゃんと初期化してあったし、中に音声が保存されていたりもしませんでした」

問題は録音した音声にあった。

「取材を終えて帰りの車で音声を確認したんですけどね、心臓が止まるかと思いましたよ」

音声が記録されていなかったのだ。ユアサ氏は顔面蒼白になった。

「ええ、一応ちゃんと動作確認はしてから臨みましたよ。自分の声を録音したときはちゃんと聴けたんです。でも肝心の取材相手との会話がずっと無音で」

たった今話を聞いてきた後だっただけに生きた心地がしなかった。こんな状態で運転していては危ない、と車を途中で停め音声の確認を続けた。

「ずっと無音なんです。やっちまった、と思いましたよ。メモも取ってなかったんで、細部まで思い出すのは難しいんです。大筋のお話は覚えていますが、これ以上時間が経つとまずいなって。だから大急ぎで覚えている話をメモしてね。結局、どのくらいですかね。二、三時間はその場に留まっていたと思いますよ。車内でずっとやってました」

ライターを生業としているだけあって、取材直後の話はほとんど覚えていた。メモを取り終えたユアサ氏はなんとか安堵に胸を撫でおろした。

「そのときですよ。なにかが聞こえてくるんです。すごく小さな音なんですけど、リリリンって鈴のような音が。だってそこは山の中ですよ、すっかり暗くなっちゃってるし辺りは真っ黒。まさに闇の中って感じで。車もたまーに通るくらいですし、そんな音が鳴るわけない。でももしかしたら虫の鳴き声とかかもとよぎりました」

リリリン、リリリン、と規則性のあるリズムでそれは鳴っていた。虫だと思い込もうとしたが聞けば聞くほど黒電話が鳴っているように聞こえる。

「耳を澄ましていると突然、その音が車内いっぱいにリリリン！って鳴って跳びあがりました。そしてね、それがあのボイスレコーダーから鳴ってるんだとようやく気付いたんです」

ボイスレコーダーはずっと再生状態だった。

「取材自体が二時間くらいだったんで、再生状態だったことは別に不思議じゃなかったんですけどね。思えば最後まで録音データを再生したのがこのときはじめてだったので突然の大きな音も最初からあったのかもしれません。かもしれません、と話したのは今はもうそのボイスレコーダーは手元にないからだ。

「すぐに外に出て思いっきり投げ捨てましたよ。あ、もちろん崖に向けてです。いや、いけないことだとはわかってますけどあのときは反射的にやってしまいましたね。一秒でもそばにあるのが厭で」

ボイスレコーダーの不具合で録音不良があったとするならば、あの黒電話の音はなんだったのだろうか。

謎は深まるが、ユアサ氏はその件があってから予備のボイスレコーダーを持ち歩くことにしている。もちろん、新品で購入した。

降霊

　ボイスレコーダーの話といえば印象的な話がまだある。

　ヨウスケさんは怖いもの知らずの性格で、当然のように心霊の類は信じていない。だから、というのかわからないが彼は常日頃から心霊体験を欲していた。つまり怖い目に遭いたいということだ。

　ホラー映画や心霊特番、ＤＶＤなどを見てもなんにも思わない。全部デタラメだと決めつけ、本当だったら自分にもなにかが降りかかるはずだと思っていた。

　いささか暴論だがそれをモットーにあちこち心霊スポットと呼ばれるような場所に足を運び、こっくりさんやひとりかくれんぼなどの降霊術もあれこれと試した。

　せっかくなので、ということで某動画サイトにチャンネルを開設し検証動画をアップしはじめるとこれが人気となった。

現在、このチャンネルは削除され動画を見ることはできないがどれもヨウスケさんの胆力に溜め息が出るほど、清々しく心霊を否定していた。ヨウスケさん本人から聞いたのだが、チャンネルを閉じるきっかけになるできごとがあったのだという。

ある降霊術を検証したときだ。(ヨウスケさんはこのときどんな降霊術をしたのかまでは教えてくれなかった)霊を呼び出し、直接対話をするという検証だった。動画撮影のカメラとは別にボイスレコーダーで音声も記録していた。

霊を呼び出す行程を終え、次に対話のフェイズに入った。

ヨウスケさんは「名前を教えてほしい」、「どうして死んだのか」、「いまなにがしたい」と質問をしたが、返事はなかったしなにごとも起こらなかった。

それ自体はお決まりのパターンだった。いつも通り、なにも起こらない。ヨウスケさんは、なにも起こらないことに飽き飽きしていたしどうしてこんななにもない動画が人気になるのか疑問でもあった。

だが、ボイスレコーダーの音声を再生したとき考えは一変した。

『名前を教えてください』

『――……あなたの名前をちょうだい……』

『どうして死んだんですか』

『――……死にたくなかった』

『いまなにがしたいですか』

『――……死にたくない……』

このあと、二〇秒間にわたり女の声で『死にたくない』と繰り返していたそうだ。撮影はヨウスケさんを含め二人で行い、どちらも男性だった。その場に女性はいない。

当然、カメラマンをしていた男性は検証時、一切の言葉を発していないし動画にも音声は収録されていない。

ただ、ボイスレコーダーにだけヨウスケさんの質問に答える音声が入っていたという。

「さすがにあんなことがあっちゃね」

ヨウスケさんは音声の主がこの世のものではないと認めるのは自分の考えが誤りだったと認めることだとし、チャンネルを閉じた。実にヨウスケさんらしい潔さだ。

以後、彼は心霊スポットにも行かなくなったし、極端にひとりでいることを嫌うようになった。

「単に怖いって話じゃないと思うんです。俺、あいつのことよく知ってますけど、ひとりでいるのは平気だし、むしろ好んでひとりで行動するタイプっていうか。だから俺はあいつになにかあったんじゃないかって疑っています。多分、誰にも話していないことがあるんじゃないかな、って。事実、あのボイスレコーダーはあいつのものなんですけどあの件以来、頑なに表に出さないんですよ。どれだけ聞いても絶対話しませんけどね」

この話をしてくれたのは、ヨウスケさんのチャンネルでカメラマンをしていた男性である。

遊覧船の怪

ライカという名前でカメラマンをしている女性と知り合いになった。

普段はスタジオで子供や女の子を撮っているらしいが、プライベートでは趣味で廃墟なども撮る。実は怖いもの好きだと豪語している。

そんな彼女がはしゃいで見せてきた心霊写真があった。

それは遊覧船を撮った一枚で、中世の帆船を模したようなデザインとにこやかにこちらに目線を送る乗客たちを切り取っている。

この写真はとある湖を航行していた遊覧船を数百メートル離れた展望デッキから望遠レンズで撮影したとライカは説明した。一見、なんの変哲もない写真に思えたがその説明でピンときた。つまり、〝望遠で撮っているのにカメラ目線はおかしい〟と言いたいのだろう。

ライカは半分正解だと得意になった。

どういうことか疑問に思っているとさらに数枚の写真を出す。どれも先の写真と同じ遊覧船に乗客が乗っているものだ。ライカは乗客がこちらを向いているのは最初に見せた一枚だけだという。

説明を求めようとしたところで不意にライカが言わんとしていることを理解した。

「間隔置かずに撮ったのに、その一枚だけバッチリ全員がこっち向いてるの。よく見たらわかるけどそれ、みんな同じ顔で笑ってるんだよね」

これが心霊写真かはさておき、ライカの話を鵜呑みにするならば奇妙な写真である。

迷子

リナさんには今年小学生になる娘がいる。

娘はルリコちゃんといって、かなり活発で好奇心旺盛な性格なのだという。そんなルリコちゃんは知らない場所に行くと、目を離した隙に必ずいなくなってしまう。ほとんどの場合はすぐに見つかるが、混雑している場所などでは見失ってしまうこともあった。つまり迷子の常連である。

迷子エピソードには事欠かないリナさんだったが、その中でも印象に残っているエピソードがあるという。

「ルリコが五歳のときだから、去年の話です。そのときはルリコと二人で高校時代の友達の家に行く予定だったんです。最寄りの駅を降りてすぐに大きなショッピングモールがあったので、そこで手土産を買っていこうと思いました」

そこでルリコちゃんがいなくなってしまったことは想像に難しくない。

このとき、リナさんはルリコちゃんと二人きりで夫はいない。これまでもこんなことはあったがいずれもすぐにルリコちゃんは見つかったので大事には至らなかったが、捜しても捜してもルリコちゃんの姿は見当たらない。

もしも誰かに連れていかれていたら……。

最悪のケースを思い描き、顔面蒼白となった。いなくなった場所から離れたくなかったが、こうなればインフォメーションで館内放送をしてもらうしかない。そう思って館内マップでインフォメーションの場所を確認しようとしたときだった。

「あの、もしかして迷子ですか？」

声をかけられて振り向くとリナさんと同年代くらいの女性がこちらを窺うように見ていた。

「そうですけど……もしかしてこのくらいの女の子を見ましたか？」

腰の辺りに手をやりルリコちゃんの身長を表して言った。

女性は首を横に振りつつも「だけどどこに行ったかは多分わかる」と要領を得ないことを言った。

リナさんはその女性を信用していいものか迷ったが、ひとまずついていくことにした。本心は不安で胸を潰しそうになりながら、行く先にルリコちゃんがいることを祈った。

女性は館内をスイスイと行き、ある店の前で立ち止まった。

「なんですか、ここ……」

「お茶屋さんですよ」

女性が言った通り、宇治抹茶や煎茶の専門店がそこにあった。悪い冗談かと思い、眩暈が襲う。なんということだ、あろうことかこんな状況で見知らぬ女に揶揄われたのだと思った。

「ママ！」

ルリコちゃんの声に耳を疑った。

「ルリコ！」

目を開けるとルリコちゃんが飛び込んでくるところだった。不安と心配が瞬時にして溶け、リナさんはルリコちゃんを力いっぱいに抱きしめる。その様子を見てここまで案内してくれた女性が「よかったですね」と声をかけその場から去ろうとした。

「待ってください、なんでうちの子がここにいるとわかったんですか」

娘に再会できた喜びを噛みしめながらも、信じられないという気持ちもあった。おもちゃ屋やスイーツ店ならばまだわからないではないが、どうしてお茶の専門店に娘がいたのか。その理由がまったくわからない。ルリコちゃんがリナさんを呼ぶのがあと数秒遅れていれば、揶揄われたのだと思い憤慨していたに違いない。

「わかりません。ただ、このモールで迷子になった子供っていつもここにいるんです」

店員に気を遣って声を潜めながら女性は言った。

言っている意味がわからずもう一度聞き直したが、女性は「理由は私にもわかりません」というだけだった。リナさんの礼に手を振って答えると女性はその場を辞去したという。

友人に会った際、この話をするとなんと友人も迷子がやってくるお茶の店を知っていた。確かにモールで迷子になったとき、あのお茶の店に行くと子供がいるという。にわかに信じがたいが実際にルリコちゃんはあの店で見つかった。一体、どういうことなのか友人に訪ねると、彼女は詳しくは知らないとしつつもモールが建つ前はそこにスイミングスクールがあったと話した。

「そこのスイミングスクールで送迎のバスに跳ねられて死んじゃった子供がいるらしいの。噂ではその子が今でも親に会いたくて、迷子を呼んでいるんじゃないかって」

ちょうどモールの中のお茶の店の位置にスイミングスクールがあった。リナさんはそれを聞いてあながちあり得ない話ではないと思ったという。

顔認識しない

レントくんは友達の奇妙な体質について話してくれた。

友達はカメラで写真を撮ろうとした際、なぜか顔認識されないというのだ。

顔認識とはデジタルカメラやスマホカメラにはほぼ標準的に搭載されている機能だ。カメラが人の顔を認識し、自動でピントを合わしてくれる。日常的にスマホで撮影する現代人ならばほとんどの人が知っている機能ではなかろうか。

しかし、レントくんの友達はどれだけ高度のカメラをもってしても顔認識されない。被写体が数人いる場合でも彼だけが認識されず、被写体がその友達一人だけでも機能しない。それはカメラや機種を選ばず、等しく彼だけを認識しなかった。

レントくんたちの間ではすっかりそれが浸透しており、奇妙というより面白いネタとして知られていた。事実、顔認識しないからといってなにかがあるというわけではなく、ただ単にそういう人としか見られていない。

「でもそいつ、やたらと顔に怪我するんですよ。大きな怪我はないんですけど、擦り傷とか打ち身はしょっちゅうしてて。綺麗な顔なんか見たことないかもしれないです」

仲間内でも顔認識されないことと関係があるのではないかと噂されたことがあるが、本人に否定されたという。

「あるときに違う友達が気が付いたんですけど、そもそもそいつ影が薄いんですよね。存在感がないっていうか。みんなで飯とか行っても一人だけ水が出されなかったり、料理が通ってなかったりするんですよ。自動ドアが開かないっていうのもあったな」

自分で話していて思い出したのかレントくんは思わず笑った。

しかし、次の言葉で私は寒気がした。

「え？　今そいつがどうしてるかって？　さあ、わかりません。なんでって……なんででしょうね。そういえば考えたことありませんでした」

お見舞い

カーナビが古いデータのままだととんでもないことになることがある。新興住宅地に行くと開発前の山のままだったり、新しくできた道路などは場所によっては海や川の中を走っていたりする。

古いデータのままなのでその道や場所は存在しないのでそういった表示になるのだ。よって、毎年とは言わずとも数年おきに中身を更新しなければならない。その都度かかる出費は痛いが、快適なドライビングライフのためには必要不可欠なことだ。

ロクロウさんは知人の入院する病院へお見舞いに向かっていた。カーナビはもう五年以上もそのままだったが、多少の不便を感じることはあるものの問題なく使っていた。五年では劇的に道や場所は変わらない。そのように思っていたので地図の更新など考えたこともなかった。

それに実際、入院先の病院はしっかりと登録されている。

ナビがポーンと音を立て、次の信号を左折しろと指示する。病院まであと三キロ。到着予想時間は数分後だ。

ナビに従い車を運転しながら、ロクロウさんは不審に思った。

今、走っているのは工業地帯のそばで大きな病院があるとは思えないような寂れた道だった。電車か、それとも工事用のトロッコか、道沿いのフェンスの向こうに線路が延びている。横にははしごとダクトだらけの工場があった。威圧感のある巨大なフォルムといたるところに見える赤錆。今にも動きだしそうで心臓が縮む。その割に物音ひとつせず、気味が悪かった。もしかすると廃墟なのかもしれない。

そんなはずはないと思うが、走行中のロクロウさんにはそれを確かめる術はなかった。

思えば週末の昼間である。工場が休みなのは不思議ではない。

その考えに行きついた途端、気が楽になった。工場の巨体に勝手に威圧されていただけだと気づいたのだ。

〈次の信号をななめ左方向です〉

ん？　ロクロウさんは首を傾げた。信号だと？

正面を見上げる。信号は見当たらない。だがカーナビの画面ではまもなく信号機に差し掛かると表示されてあった。

ただ、ナビが指示する通り左に逸れる道はある。もしかすると五年前まではここに信号があったのかもしれないと思いながらロクロウさんは左に道を逸れた。

〈そのまま直進方向一キロで目的地周辺です。目的地は右側にあります〉

本当かよ。

思わずロクロウさんはつぶやいた。後ろにも前にも車はいない。この道を走っているのはロクロウさんの車だけだった。

ガガガガァ——

突然、工場から音がしはじめた。無人でも動きっぱなしの機械くらいはあるだろうと思うが、このタイミングで鳴るのは心臓に悪い。音も聞いたことのない類のもので気持ちが悪かった。

なにかとんでもないところに連れて行かれるんじゃないか、と不安が募る。もしかすると入力を間違えたのではないかと一時停止をし、確認をするがちゃんと『○○病院』と入力されていた。

ガガガガァ――

目的地まではあと八百メートル。こんなところに病院があるものなのか。

来た道を引き返そうかとも考えたが、一車線の一方通行。逆方向の車線は片側の土手の上だった。仮に間違っていたとしてもこの道が割れるまでは走るほかない。

仕方なく道なりに走行していると土手の影に隠れていた建物が見えてきた。

よかった、あれだ。

目的地に到着しました。運転お疲れ様でした。

カーナビの音声に労われ、停めた車の中からそれを見上げた。どこからどう見ても廃墟だ。錆びた鉄の格子がはめ込まれた窓があちこちについている灰色の建物。工場と関係があるかはわからないが、ここが病院でないことは一目瞭然だ。廃病院というわけでもなく、そもそも別の建物だ。

カーナビを見ると『○○病院』と表示されていたはずの目的地が空白になっている。

履歴を確かめようとするが操作しようとした途端にエンジンが止まった。

おい、なんだよ。動けっておい！

ロクロウさんはたちまち動揺した。こんなところで故障なんて冗談じゃない。キーを回すがエンジンはかからない。これはまずいぞ、と焦るほど冷や汗が止まらない。カーサービスを呼ばなければ、携帯電話を出しロクロウさんは絶叫にも近い声を上げた。

圏外になっている。信じられずに操作をしてみるが通話状態にはならなかった。ここは川の近くではあるが川の上ではないし、基地局もない山奥でもない。すこし先に幹線道路がある普通の場所のはずだった。

それなのにどうして圏外になるのか理解ができなかった。誰にも助けを呼べない。その現実だけがロクロウさんから正気を奪っていく。

ガガガガァ——ガガガガァ——

さらに工場機械の轟音がロクロウさんを追い詰めた。

何度も始動を試したが虚しいだけだった。耳障りな機械音を聞きながら途方に暮れる。とにかくここで立ち往生していても仕方がない。ロクロウさんは人を呼ぶために車から降りて土手を上がることにした。交通量が極端に少ない道だったが待っていれば誰かは通るかもしれない。いや、それよりも歩いて幹線道路に出た方がいいか。だがそれにはかなり距離がありそうだ。ぐるぐると考えを巡らせながらロクロウさんは車のドアに手をかけた。

ガガガガァ――ガガガガァ――

そのとき、機械音に違和感を覚えた。

ずっと聞いている内に聞こえ方が変わってきていた。ガガガガァ――という音が、どうも大勢の人の歓声のように思えてきたのだ。

そんなわけはない。気のせいに決まっている。自分に言い聞かせながらドアを開いた途端、音が近くなった。

その瞬間、ロクロウさんはドアを閉めロックした。そして唐突に襲い掛かる強烈な恐怖に頭を抱えるように両耳を塞ぐと固く目をつぶった。

ガガガガァ――ガガガガァ……ガガガガァ――ガガガガァ――……わあああ――わああああ――……わああああああああああ……

確実に人の声――歓声だった。ドアを開けたとき、それが直感的に人の声だと確信したのだ。そしてそれはすぐそばに迫ってきていて、今出れば鉢合わせになる。

それがなんなのかわからないが、それだけはだめだ。ロクロウさんは無意識に命の危険を感じた。それで車に籠り、うずくまったのだ。

車体の底から地響きを感じる。多くの人の足か、はたまた巨大ななにかか。わからないが確かめようとも思えなかった。とにかく一刻も早く過ぎ去って欲しい。そう念じるのみだった。

わあああああ――………

やがて音が遠のき、地響きの振動もなくなった。だがその後でもロクロウさんはずっと幻覚のように振動を感じていた。

完全に音が無くなった頃合いを見て、おそるおそる顔を上げたロクロウさんの目の前に信じられない光景が広がっていた。外は夜になっていたのである。

生きた心地がしないままキーを回すと、さっきまでの不調が嘘だったかのようにあっさりとエンジンがかかった。

それから大通りに出てほかの走行車の明かりを見るまでのことは覚えていない。とにかく早くここから逃げたいという一心だったという。

ロクロウさんが恐怖と緊張から解放されたのと同時にカーナビの音声が鳴った。

目的地まであと七キロです。

今度はちゃんと『○○病院』に設定されていた。

後日、ロクロウさんは無事知人にお見舞いすることができた。○○病院はまるっきり違う場所にあったたし、あのときの工業地帯の道はどこなのかわからない。

ロクロウさんはこの件に懲り、カーナビの地図データを更新した。それから同様のできごとは起きていないが、あのときの地響きと歓声だけは忘れられないと言った。

隣人

ドッペルゲンガーってあるじゃないですか。この世には自分とそっくりな人間が三人いて、ばったり鉢合わせると片方が消えちゃうっていうの。え、両方ともっていう話もあるんですか。ああ、諸説あるってことですね。なるほど。僕ね、ドッペルゲンガーというものについては思うところがあるんです。なぜかというと身近に意識させられるようなことがあったもので。それというのもある些細なことがきっかけなんです。あるとき、近所の喫茶店でね、モーニングを食べていたんですよ。僕は休みの日にわざわざ早起きして、喫茶店でゆっくり朝を過ごすというのが好きでして。仕事がある日は朝食は摂らないんですがね、ああ独り身です。作ってくれる人がいたら毎朝食べますよ。とにかく、休みの日のルーティンっていうんですか、喫茶店で過ごしていたんです。僕はパンの耳が苦手でしてね、パンは好きなんですがいつも中だけをかじって耳を残すんです。行儀が悪いって子供の頃はよく叱られたものですけど、今は自由気ままな独身貴族ですんで誰のことも気にせず耳だけを残します。コーヒーを啜りながら午後からの予定を考えていると一時間くらいはあっという間に過ぎているんですよね、それでとりあえず出てその辺を散歩でもするかと席を立ちあがりました。レジへ向かう途中で客が帰った後の、まだ皿が片づけられていないテーブルが目に入りました。耳を残していたんです。同じような人もいるもんだな、と思わず笑ってしまいましたよ。それでドッペルゲンガーの話ですが、知り合いが面白い仮説を唱えていましてね、思わずほお～と唸って覚えていたんです。それがドッペルゲンガーというのはクローンとか分身とか、そういうものではなく『自分の生まれ変わり』もしくは『前世』だっていうんです。どういう宗教観なのかわかりませんが、生まれ変わりが必ずしも自分が生きている時間に起こらないとは限らないっていうんです。だから自分の生まれ変わりや、自分の前世たる人物が同じ時代に生きていても不思議じゃない。ドッペルゲンガーなんていうものの話が生まれるのも、本来そういった自分と同じ存在が世界中に散り散りになっていたら出会う可能性もほぼゼロみたいなものじゃないですか。しかし、作り話とはいえ〝出会ったら消滅する〟という制約があるということは割と自分の生活圏の近くにいるんじゃないかって話です。まあ眉唾ですが面白い話だなぁ、と思いました。だからって耳を残したもうひとりの客にこじつけるわけじゃないですよ。ただ、自分の生まれ変わりとかが現世の同じ時間、同じ生活圏にいるとするのならばこのシステムを理解している〝自分〟がいるかもしれない。そういう〝自分〟が〝他の自分〟にコンタクトを取ろうとしていると考えれば、なんだかSFチックで面白いと思いませんか。ただその場合、疑問に思うのがそうい った〝自分たち〟は果たして僕と似ているのでしょうか。性格もですが外見的なものも、僕と似るものでしょうか。その辺を考えるとやはりドッペルゲンガーとは別の存在なのかな、という気がします。なんだか話が脱線しすぎてしまいましたね、さっきお話した耳を残した客ですが思わぬところでそれが誰かが判明しまして。なんと最近隣の部屋に越してきたお隣さんだったんですよ！ すごい偶然です。ええ、当然会ったことはありますよ。顔も身長も声も僕とはまるっきり違う人でした。趣味もスポーツ観戦だったり、自分でもやるみたいです。ただおかしいことに髪型や服装が笑っちゃうくらい僕とそっくりなんですよ。まるで生き別れの家族みたいで。好きな食べ物とかね、仕草とか、同じなんです。妙に親近感もっちゃって色々話すようになって、部屋にも招かれましたよ。でももう二度と入りたくないですね。貼ってあるポスターやフィギュアなんかを除いて、全部僕の部屋と同じだったんですよ。ベッドも同じメーカーの色違いだし、家具もパソコンもトイレの芳香剤まで。気味悪くなっちゃって。だってそうでしょう、ここまで同じだと僕の部屋を盗み見でもしてるのかなって。でもね、そのお隣さん気になることを話してきたんです。『自分はあなたの生まれ変わりだ』って。すぐにでも逃げたくなりましたが相手はがたいのいいスポーツマンですから、下手な行動は取らないほうがいいと思ってとりあえず話を最後まで聞こうと思いました。するとですよ？　もう顔面蒼白になりました。だってその人、僕のこれまでの半生を全部そらで語ったんですから。もう怖くて怖くて。彼が言うには『数いる〝自分〟の中で稀に前世の記憶を持つ人がいる』っていうんです。そしてそれが自分だと。だから記憶をたどってここに越してきたら本当に僕がいたって。信じられますかそんなの。どうしても信じられないならこれを受け取ってくれと言われて小さな封筒を渡されましたよ。ここを引っ越してから見てくれって。正直、なんで僕が引っ越しを考えているってわかったんだよって思いました。まあ、でもこれだけ怖がっていたらこいつ引っ越すだろうなって予想できますよね。引っ越し自体はそれとは関係なく以前から考えていたんですが、なかなかいい物件に出合えませんで。でも彼と出会ったことで引っ越す意思は強固なものになりました。すぐにでも出ていきたい。こんなやつが隣にいたんじゃおちおち安心して寝ることもできないってね。願いが通じたのか、その翌週にいい物件を見つけました。即入居可の物件だったんで決めてから転居するまでは早かったですよ。引っ越しってその気になればこんなにすぐ終わるんだって、自分で自分を褒めてやりたくなりました。新しい住所はもちろん隣人には言っていません。それどころか知人や同僚にすら言いませんでした。どこから漏れるかわかりませんし。それでようやく新居に落ち着き、自分なりの生活を取り戻したころ。本棚の隙間に紙切れが挟まっているのに気づきました。ああ、そういえばあの気味の悪い隣人が『引っ越したら見ろ』と言っていたやつだとわかりました。もう引っ越しは終えたし、心に余裕もできていたのでどんな脅し文句が書いてあるのか見てやろうと封筒から中の手紙を出しました。どんなことが書いてあったとしてもこの住所は誰も知らないし、問題はない。そう思いながらね、手紙を開くと、この部屋の住所が書いてあったんですよ。

幸い、身近でおかしなことはなにもありませんがあなたは信じられますか？　僕はドッペルゲンガーのほうがよっぽどマシだなって思いますよ。消えたらそれ以上は怖い思いをしなくて済むんですから。

余り

訪問ヘルパーの仕事をしているワダさんは今でもあれがなんだったのかよくわからない、という話をしてくれた。息子さんとふたり暮らしで寝たきりのガモウさんというおばあさんがいた。かなり高齢でアルツハイマー型認知症も患っており、ひとりではなにもできない状態だった。息子さんも六十代で持病を持っており、母親の介護に付きっきりというわけにはいかずヘルパーの助けを借りていた。

ガモウさんのお宅には週に二度、訪問する。かなり築古の長屋暮らしで、毎回世話をするのが大変だったとワダさんは言う。なにしろガモウさんの認知症はかなり重度で自分のこともわからないほどだった。会話も基本的には支離滅裂で成立しない。なのに元来のおしゃべり好きのおかげで訪問介護の最中は常にしゃべっていた。そのほとんどが元気だったころの思い出話なのだが、それをついさっきあったことのように話す。ガモウさんの中では息子さんもまだ幼いし、死別した夫も健在だった。かと思えば突然、現状に目が覚めてさめざめ泣くこともあったり、夢の中のできごとのような話もする。無視するわけにはいかないので都度話を合わせ相槌を打ちながらお風呂に入れてあげたり、食事の世話をした。

「おれには娘がいてなあ、めんこい子だったあ」

　ごくたまにガモウさんはそんなことを口にした。だが息子さんに訊ねても自分以外に兄妹はいないという。もしかすると息子さんも知らないところで死産や流産の経験があるのかもしれないと思った。

　だがそれにしては「めんこい（かわいい）子だったあ」という言葉に矛盾しているように思う。実際のところはわからないが、もしかすると認知症による思い込みなのかもしれない。

　そんなあるときのことだった。

　ワダさんがガモウさんを訪問するとちょうど息子さんが郵便物を取りに玄関にきたところだった。

「ん、なんだろうこれ」

そう言って息子さんがガモウさんに郵便物の一つを見せにきた。『サツキちゃんの余り』と筆で書かれた茶封筒だった。

「サッちゃん！　サッちゃん、うわああ！」

その直後、ガモウさんは烈しく取り乱しワダさんたち職員で押さえはしたが、大変だったという。そのくらいの暴れぶりで、息子さんも長く介護をしてきたがこんなことははじめてだと呆然としていた。

茶封筒はガモウさんの目につかないところに保管したほうがいいということになり、息子さんは離れた部屋で中身を確認した。

後日、ワダさんはその後で息子さんになにが入っていたか聞いた。

「髪の毛が入っていたって言っていました。それもさらさらで細い……小さな子供の毛のようだと。息子さんの知らない兄妹がいたんですかね……」

ガモウさんはその翌年、なにも語らないまま永眠した。

駅のロッカー

ギンダさんは出張が多い。

全国あちこち飛び回っては帰ってきての繰り返しで年の三分の一は宿で過ごす。最初のうちは会社の金で贅沢できると浮かれていたがこの不景気にそうもいかず、経費は抑えに抑えられ手配されたホテルも便がいいとは言えない立地の狭くて安いところばかりだった。

そんな生活が長くなると結果、帰ってきたときのほうが羽を伸ばすようになる。

「家の最寄駅に行くまでにある駅にいいスーパー銭湯があるんですよ。毎回、出張から帰っては家に直帰せず、その駅で降りてスーパー銭湯でゆっくり疲れを癒すっていうのが楽しみなんです」

一泊程度の出張なら荷物もさほど多くないが、それより長引くとキャリーケースを引いている場合も多い。そんなとき、ギンダさんは駅のロッカーに預けて身軽になってからスーパー銭湯に行くのだと言った。

「それでその駅のロッカーなんですけど、毎回変な音が聞こえる番号があるんですよ。決まってそこは使用中で、それなのに中からなんか動いているようなカサカサした音が……」

薄気味悪いと思った。もしも生き物とかを入れているのだとしたら最悪だ。だがなかなか駅員に伝える気にはなれなかった。

「薄情だって言われるのは承知なのですが、出張帰りで疲れているところに面倒ごとに巻き込まれたくないというのが本音だったんです。もしも中に動物とか入っていたら……いや、それならまだましで例えばですけど小さな子供が入ってたりしたら絶対関わりたくないじゃないですか。中身を見なければ私はなにも知らなかったで済みますし」

確かに薄情だがそれも本音だ。理解はできなくもない。

「でもね、やっぱり毎回ですから。一度や二度ならすぐに忘れられるんですけど、毎回ってことはつまり毎日そこになにかがいるってことでしょう？　多分、なにかを無断で飼っているんだろうとは思いますが。わからないですけど、爬虫類とか昆虫とか。家で飼えない事情がある人がこっそりロッカーで飼っているのだと思っていました。そのロッカーを使うのをやめようかな、って何度も考えたんですけど……あんまり栄えている駅でもないのでロッカーがそこしかないんです。銭湯にキャリーケース持ち込んでもいいんですけど、なんかそれも気分が削がれて厭だなあって」

そんなモヤモヤした気分を持ったまま使い続けていたある日、そのロッカーを使用している人物と居合わせた。

「当然、興味しかないですよ。内心、なにが入っているのか見たくてたまんなかったですね。でもあんまり露骨に覗き込むと警戒されちゃうし、できるだけ自然にちらっとでも見れたらと思って」

開けている扉で顔は見えなかったが、背格好からして高齢女性だと思った。こうして毎日、世話をしに来ているのだ。ロッカーの代金は馬鹿にならないだろうが、構わずに払い続けている。バレたら一発でアウトだからきっとこそこそとこうやって――などと想像を膨らませながら平静を装い、自分の荷物をロッカーに預ける。そうしてあたかもなんの関心もないかのような顔で女性の背後を横切った。そして通りざまにロッカーの中身を見たという。

「生き物なんて入ってなかったんですよ。あったのは位牌と遺影と……たぶん、あれ骨壺じゃないかな。遺影の写真、子供でしたよ」

ギンダさんはそれ以降、荷物はスーパー銭湯に持ち込むようになった。

トンネルの怪人

グシケンさんがツーリングしていたときの話。

山の道路でグシケンさんのバイクに不調が起こり、エンジンがかからなくなってしまった。山中ということもあり、携帯電話は圏外だった。つまりそのくらいの時代の話だ。

途方に暮れ、とにかく民家か店を探そうということになった。車が通れば電話ができるところまで乗せていってもらおうとも考えていた。

だがこんなときに限って車は一台たりとも通らない。民家は絶望的だし、店もあるようには思えなかった。これは参った、と焦りながらグシケンさんは一人バイクを押した。

それからしばらく行くと一本のトンネルにぶち当たった。五十メートルほどの小さなトンネルだったが、それゆえ照明もなく暗い。ひと目見て薄気味悪いトンネルだった。

なんとなくこの中を通るのが厭だったが、道は一本でそうもいかない。我慢して通るほかなかった。グズグズしているうちに夜が来ることがもっとも怖ろしい。暗くなる前になんとかしなければならなかった。

トンネルの中は外で見るよりもよほど暗い。バイクのタイヤが道路をにじる音とグシケンさんの足跡だけがやけに反響していた。すぐに抜けると言い聞かせ進むが、気持ちに負けてか、なかなか出口に近づかない気がした。

トンネルの中間ほどで急に明かりが閉じた。驚いて正面を見やると先が真っ暗だ。天気が急変したのかと思ったが、それにしては暗すぎる。仮に嵐が起きたのだとしても二〇メートルほど先の外の視界が閉じるほど暗いわけがない。考えられるとすれば、急に夜がきたのかそれともなにかに塞がれたかだ。

「冗談じゃない」

急に夜が訪れるわけがないし、可能性としてはなにかに塞がれたと考えるべきだ。だとすれば一番説得力があるのは土砂崩れ。これはまずいとグシケンさんは来た道を戻ろうと方向転換した。

入ってきたほうの出口は明るい。やはり天候の問題ではなかったようだ。それらしい音がなかったことが気になったがそんなことは後で考えればいい。とにかく急いでここから出なければ。重いバイクを押して走る。当然、速度は出ないがここでバイクを乗り捨てるのも怖かった。トンネル内は平坦だがすこし行けば下りだ。エンジンがかからなくともバイクで下れば徒歩よりもよっぽど早いしスタミナも使わない。バイクを手放すわけにはいかなかった。

たかが三十メートルほど。すぐに出られる、そう言い聞かせ必死で走ったグシケンさんの目の前に怖ろしいものが飛び込んできた。

巨大な目である。

トンネルの外から中を覗き込むように、あり得ない大きさの真っ黒な顔がにゅっとあらわれ大きな目と目が合ったのだ。

「うわあ！」

思わず叫び声をあげ、腰を抜かした。

こちらを覗き込む巨大な顔はみるみる出口を塞ぎ、トンネル内は完全な闇となった。

その瞬間、右も左もわからなくなりグシケンさんはパニックに陥った。

叫び、歩きまわり、どこになにがあるかもわからない漆黒の世界でグシケンさんは死を意識したという。絶望しかけていたグシケンさんはなにかにつまずき、盛大に転んだ。額と肘に痛みを感じ、どの程度かわからないが怪我をしたのはわかった。

なににつまずいたかは考えなくともわかった。バイクだ。パニックに陥ったときに倒してしまっていた。無駄とは思いながら手探りでハンドルを引き当てるとバイクを起こし、キーを回す。案の定エンジンはかからなかったがヘッドライトは点灯した。

「ひいいっ！」

ライトが照らしたのは目だった。さっきの巨大な目。

目はライトが照らされて驚いたようにまぶたをぎゅっと閉じると、奥の方から別の光がふたつ近づいてきた。それは目を突き抜けるとグシケンさんの前で止まったという。

「大丈夫？　事故したの」

その声に振り向くと車から運転手の男が出てくるところだった。ふたつの光は車のライトだったようだ。その瞬間、闇が晴れトンネル内の視界が戻った。入口も出口も塞がれていない。ただ薄暗いだけのトンネル。

「そのあとはその運転手の人の助けもあって、なんとかすることができました。でもあのときの巨大な目を思い出すと今も眠れないんです」

忘れ物

ゲシマさんは三月十一日には特別な思いがある。

それはなにもゲシマさんだけの話ではなく、この国に住む人間ならば二〇一一年のこの日を忘れはしないだろう。東日本大震災だ。

九千人以上の死者を出した宮城県のとある地に赴いたゲシマさんはこの時、都内の出版社に勤めており、被災地域でフィールドワークに取り組む大学生の密着取材に同行していた。取材チームは広報のゲシマさん、ライター、カメラマン、そして大学職員の四人。このうちカメラマンのみ男性でほかは女性だった。

「震災があって五年後の二〇一六年だったと思います。そのころは今ほど復興も進んでいなくて、津波で流された広大な土地を見て災害の甚大さを思い知らされました」

当然ながら街の機能もまだ不完全だった。そのせいもあるのか、単純に手続きにミスがあったのか、取っていた宿が学生たちのぶんで埋まってしまいゲシマさんたち取材チームは同じ宿に泊まれなくなってしまった。

　それで急遽、四人が泊まれる宿泊施設を探したところ一件の施設が見つかった。

「S館っていう宿泊施設なんですけどこれが変わっていて、廃校をリノベーションした施設だったんですよね。ええ、まるっきり外観から内装まで小学校のまんま」

　二階建ての校舎を使ったS館は基本的には教室で使用していた部屋を客室にしている。当然、リノベーション済だから客室の中はしっかりと改装されているが故意に廊下などは当時の趣を残していて、昼間はノスタルジックだが夜は不気味だ。一晩中、肝試しをしているような気分だったという。

　ゲシマさんらは四人とも二階の客室にそれぞれ泊まることになった。空いている部屋が三つ、一人部屋が二つに二人部屋が一つだった。職員とカメラマンがそれぞれ一人部屋、ゲシマさんとライターが二人部屋に割り振られた。

「ちょっと私この部屋……だめなんですけど」

　そういって部屋に入ろうとしないのは大学職員の女性だった。

　ムードが悪くなるのを恐れてわざわざ言わなかったらしいがこの職員の女性はどう

も霊感めいたものがあるらしい。一人部屋なので部屋に入ったらさっさと寝てしまおうと考えていたが部屋がそもそも厭な空気で充満していたためギブアップしたようだ。

終日の取材で疲れ切っていたゲシマさんたちはそこからさらに新しい宿を探す気にもなれず、相談の結果職員の部屋をライターが使い、ゲシマさんと職員が同室で泊まることで意見は落ち着いた。

「そのころのあのあたりはある意味でわかりやすくて、建物が残っているところは被災していないところで、なにもないところは被災したところだったんです。震災前に学校はすでに廃校していたらしく、被災後に宿になったのもこのあたりの宿泊施設が不足していたからなんですよね。だからというか、夜はとにかく暗くて」

近くに飲食店や歓楽街があるわけもなく真っ暗だった。宿泊客はゲシマさんたちのほかに復興工事にあたる作業員たちが泊まっていた。施設に勤める従業員もいるにはいたが、夜二一時を最後に帰ってしまっていた。つまり二一時以降のS館は宿泊客だけになる。

それが余計に不安にさせ、とにかく今日は早く寝てしまおうということでゲシマさんと職員の意見は一致した。

「それで二三時くらいになって、じゃあ寝ますかとなりました。そして電気を消そうとした時、突然ドアからすごい音がしたんです。がちゃがちゃがちゃがちゃ、って」

それはドアの外側からノブを乱暴に回す音だった。誰かが猛烈に中に入ろうとしている。

「職員の人、すっかり怯え切っちゃっていて。私のほうは別にそれがなんだって思ったんですけど、その人はもうしゃべられないくらい震えちゃってて。仕方がなくドアに向かって『誰だコラー！』って叫んだんですよ。そうすると」

たったったったったったっ。

ドアのそばから足音が離れていく音がした。

「誰かのいたずらだって宥めて、その日は寝ました。翌日になってほかの部屋に泊まっていた二人に訊いたんですけどどっちも知らないって。職員の人があんまり怖がるものだから、きっと別の部屋に泊まっていた作業員の人が間違えたんだよって言ったんですけどね」

職員の女性は真っ青な顔で叫んだ。

「工事の人たちって、全員一階に泊まってるじゃないですか！」

部屋を間違えようがない。

彼女の迫力にたじろぎながら、それでもなにかの間違いだと説得しつつゲシマさん自身もノブを回す音はともかく、足音は工事作業員のものではないと確信を持っていた。軽快にも思えるあの音の感じ……まるで子供の足音に聞こえた。

「密着取材を終えて東京に帰る時、ライターと同じ電車だったんです。そのころにはS館のこともすっかり忘れてたんですけどね、最後まで忘れさせてくれませんでしたよ」

ライターはすっかり疲れ切っていた。被災地での取材なのだからみんな精神的にも肉体的にも疲労はしている。だがライターの疲れ方はその誰よりも深いように見えたという。

どうしてそんなに疲れ切っているのかなにげなしに訊ねてみると、目頭を揉みながらライターはこう話した。

「ほら、昨日職員の人と部屋変わったじゃん。でもあの部屋、すごく変な感じしててね」

「変な感じ？」

「うん。なんて言ったらいいのかなー……。部屋全体の空気がずーんと重たくてね、なんだか誰かに見られてるというか。眠れなかったんだよね」

結局、寝たか寝てないか自分でも判然としないまま朝を迎えたらしい。

そしてライターはこうも話した。

「ゲシマさん知ってますか。うちらが泊まったあのS館ってところ」

取材の最中で現地の住民にどこから来たか聞かれ、ライターは東京から来たと答えた。次にどこに泊まっているのかを問われS館だと話すと「そのせいかあ」と一人合点がいったようにうなずき、首をかしげるライターに話してくれたという。

「被災当時、流されてきたランドセルとか家族と写ってる写真とか、故人の思い出とかそういう捨てられない遺留品ってあるじゃないですか。ああいうのがね、被災を免れたあの場所で保管されてたらしいんですよ」

「えっ、でも今は改装されてきれいになってるじゃん」

「中はね。でも宿泊施設として営業しはじめたのは震災から何年かしてからなんで。それまではそういう使われ方してたみたい。廃校だったしちょうどよかったんだね。だから私たちが泊まっていた部屋も何年か前はまんま教室でさ、床にブルーシートとか敷かれてそこに遺留品が並べられていたんだよきっと」

だから、とライターは付け足す。

「ゲシマさんの部屋にやってきたその足音の主っていうのは、そこに自分のものがあると思って取りに来たんじゃないかな」

確かにそう言われるとそうなのかもしれない。普段は霊の類を信じていないゲシマさんもこの時ばかりはそう思った。

「そうそう、そういえば取材の最終日にお昼を食べに入った食堂があったんですけどね。ふと対面に座っていたカメラマンがちらちらと目配せをしてきて、なにかと思って後ろを振り返ったら私たち以外のお客さんがみんなお坊さんだったんですよ。どのくらいいたかな、二〇人くらい？　この日が慰霊祭だということは知っていたけど人数に圧倒されちゃいましたよ。なにもかも流されてしまった被災地と、それを鎮めるために訪れたたくさんのお坊さんを見て、改めてここでたくさんの人が亡くなったんだなと思いました」

あの子は今夜もあの部屋に忘れ物を取りに来るのかな。ゲシマさんは誰に向けることもなく、そうつぶやいた。

夏

これにはちょっとした後日談がありまして、とゲシマさんは宮城県の被災地に関する話をもうひとつしてくれた。

ゲシマさんが宮城県で大学生のフィールドワークを密着取材した翌年、今度は夏に同様の密着取材があったという。ただし、それにはゲシマさんではなく彼女の上司が行った。

「別に深い意味はないですよ。単にその時、私がほかの仕事で手が空いていなかっただけで、むしろ上司のほうが『久しぶりに出張だ』とはしゃいでたくらいですから」

だがたった一年で被災地の現状は激変したりはしない。津波で更地になった土地はそのままだし、生活道路は復旧しているものの建物はまだまだ少ない。

案の定、帰ってきた上司は浮かない様子だった。

「だけど上司が浮かない感じだったのは被災地になにもない、ということなんかじゃなかったみたいです」

ゲシマさんに上司は「怖い目に遭った」と話したという。

上司の話とはこうだ。

彼が泊まったのはゲシマさんが前年に泊まったS館。彼女が経験した例のことはいちいち言わなかった。

「とにかく山の中でコンビニもないだろ？　さすがになにもないのはちょっと、ってことで食事をするために車で山を下りたんだよ」

S館は山の中にある。津波を免れたのもそのおかげだった。

上司が同行したクルーとともにすこし離れた市街へ向かう途中、雨が降ってきた。車が走るたび、雨脚はさらに強くなりついにはどしゃぶりの空模様となった。

そんな雨の中、もろに津波の被害にあった被災地を通った。そこは見渡す限り更地で、いかに津波の被害が激甚だったかを思い知らされる景色だった。そんななんにもない地に一本、真新しく舗装された道路が走っている。被災後に敷かれた道路だった。そんなだだっ広い景色の中の道路に一人、老婆が佇んでいた。

「あれ、なにしてるんすかね」

運転をしていたクルーが老婆を見てつぶやいた。

「さあ……」

別になにをしていてもおかしくないだろう、と思ったが言われてみればおかしいと思った。なにせ、ここにはなにもない。建物はおろか、がれきも片付けられていてあるのはただ道となにもない平原のみだ。そばに車や自転車などの乗り物もなく、老婆以外の人影もない。不自然な光景だった。

だがそれよりももっと異様なのは、どしゃぶりにもかかわらず傘もささずにぼーっと佇んでいたことだ。

話しかけようかどうか迷った。本来なら声をかけるべきなのかもしれない。だがどうもその老婆からは人を寄せ付けない……というより近寄りがたい威圧感があった。車内の誰もが据わりが悪い心地のまま、無言で老婆を横切った。

食事を終え、S館へ帰る道に就くころにはもう真っ暗になっていた。

行きにも通った更地には復興のために働く人のために簡易的なコンビニエンスストアがぽつんとある。しっかりとした造りではなく、プレハブをテナントにしたような即興的なものだ。それでも夜になれば真っ暗な中にぽつんとそこだけが光っているような、異様な光景がそこにある。

一行はコンビニに立ち寄り、缶ビールやつまみを買い込んだ。

若い店員に「こんなところでやってると寂しいでしょ」と話しかけると、「いや、寂しいというか怖いですよ」と笑った。

聞けば時々勝手に自動ドアが開くことがあるという。それも決まって夜に。

「それは怖いね」

と笑い返し、ふたたび車に乗り込み暗闇の道を走った。

さっきのコンビニの話自体はどうという話ではないが、あかり一つない夜の道の中ではやけに頭に残る。それを払拭するためにいつもよりもにぎやかにしゃべった。

「うわっ」

唐突に運転手が悲鳴を上げ、思わず正面を見た。

同時に車内のクルーが全員、小さく悲鳴をあげ固まる。

暗闇の道路に、老婆が佇んでいたのだ。行きに見かけた傘を差していない老婆だ。

行きの時に見かけたそのまんまの恰好で、同じ場所に佇んでいた。ひと目で全員が、その老婆をこの世のものではないと確信したという。

Ｓ館に着くまでの間一同は無言だった。

「そんで宿に帰ったら酒を流し込んでとっとと寝たよ。もう怖いのなんのって」

上司はそう締めくくった。

その話を聞いたゲシマさんは気になっていたことを訊いた。

「ところで宿泊したＳ館、どうでした？」

「おう。すげえいいところだったぞ。まんま小学校の校舎っていうのがなんだかいいよな。玄関に蛙がいたりして、山の中だからいろんな虫もいたな。子供を連れてきたいなー、って思ったよ。いいところ教えてくれてサンキュな」

絶賛する上司にすこしだけ腹が立ったのでゲシマさんは昨年にあったことを話すと、上司は顔を青くした。

「なんでそんなところ俺に泊まらせるんだ！」

「勧めてはないですよ。ただ去年、私はそこに泊まりましたって言っただけで。よかったじゃないですか、Ｓ館ではなにもなくて」

今日は番場一広さんの誕生日です

ゴンゴンというHNの男性がDMで寄せてくれた話。

彼の知人に番場一広という人物がいる。ゴンゴンよりもひとまわり年上で、六〇歳近くになるはずだった。過去形なのはすでにその人物は亡くなっているからだ。

もう亡くなって一〇年近く経っていた。といってもゴンゴン自身、彼の死を知ったのは三年ほど前だ。

ゴンゴンは某SNSで番場一広と相互フォローの関係だったため、彼の誕生日のたびに通知がくる。知人といっても親しいというわけではなく、関係性は薄い。相互フォローではあるが、SNS上で絡んだこともほぼなかった。

だが誕生日の時だけは通知がくるので『おめでとうございます』のひとことだけ、メッセージを送っていた時期がある。そういえば最初の数年は『ありがとう』と返事があったがそのうち返ってこなくなり、こちらもいつしか通知がきてもメッセージを送らなくなった。まさか死んでいたなんて、と彼の訃報を聞いた時は多少なりともショックを受けた。

晩年は荒れていたらしい。四六時中酩酊状態で、目が合った人間に手あたり次第罵倒したりしていた。ある時、連絡が取れないことを不審に思った管理人が訪ねると部屋で首を吊っていたという。

親しくなかったので元がどういう人間だったか、ゴンゴンにはわからない。だが話に聞くような荒れた人間のイメージはなかった。それだけに胸がもやもやとした。

ゴンゴンが三年前に番場一広の死を知ってショックだったのは、彼が死んでからも毎年誕生日の通知が届いていたことだ。もちろん去年もきた。死んだと聞く前は生きていて当然すぎて、考えたこともなかったが今では死人からの通知のようで気味が悪い。

去年、番場一広の誕生日通知が来た際、ほんの好奇心で彼のタイムラインを遡ってみた。

ゴンゴンは烈しく後悔した。

自分でもまるで覚えていなかったが、ゴンゴンがまだ誕生日におめでとうとメッセージを送っていたころ、番場一広が最後に返事をした記事をみつけたのだ。

『ありがとう』

なんでもない、いつもどおりのそれは二年を空けての返事だった。その日付を見て愕然とした。七年前……つまり、番場一広はもう死んでいる。その前が二年空いているのだから三年前、番場一広が死んだ年だ。

一〇年前の返事は本人だとして、七年前の返事はいったい誰からのものだったのか。ゴンゴンは考えるだけでゾッとすると言った。そしてその時のメッセージには全部、返事をしている。

あまりこのことは考えないようにしようと思っているが、毎年番場一広の誕生日通知で無理やり想起させられるのだと悩みを吐露した。

フォローを外してみては？　という助言に対しゴンゴンはもうとっくにやっていると答えた。

数日前、ゴンゴンからＤＭがきた。

今年も誕生日通知が届いた、と。

父の話

キャバクラで働くビビアンという源氏名の女性の半生は波乱万丈だ。

幼いころに両親が離婚し、小学生に上がってから新しい父親ができた。彼女の母親もまた水商売で生計を立てていたが、さらに別の男を作って家に帰らなくなった。

家には義理の父親とビビアンの二人が残り、歪な関係のまま生活がはじまった。

「今では本当のお父さんだと思ってますよ。結局、この年まで育ててもらったし、血もつながってないのに義理だけじゃとてもできないと思いませんか。私が同じことをしろと言われても自信ないなあ」

と彼女が言う通り、血のつながりが家族の証明でないことはこの親子にとっては当然のことのようだった。

ただ、ビビアンの父親は昔から酒癖が悪いらしく、ひどく酔うと決まって知らない人間を家に連れて帰ってきた。それはビビアンが思春期になっても直らず、他人を連れ帰ってくるたび、ビビアンは外で夜を明かした。

「友達の家に行くこともあったけど、この年で一人暮らししている子なんていないじゃないですか。二四時間やってる店はあったけどそういうところって必ず通報されるし、結局公園とかが多かったかな」

その父親も昨年、がんが見つかりついに酒はドクターストップがくだった。

ビビアンはそんな父が昔、連れ帰ってきた一人の男のことが忘れられないという。

「飲み屋で知り合った初対面の人間を連れ帰ってくるんだから、そりゃあ歪んだ思春期になりますよ。相手も酔っていることが多いから不思議とトラブルはなかったですが、十代の女の子が住んでるんだからなにがあってもおかしくないと思いませんか」

父親がその日、連れ帰ってきたのは父と同じように酔った男だった。男は目が悪いのか、片方の目がほとんど開いていなかった。父親とはすっかり意気投合していたのか、その夜はかなりうるさかったという。

「しかも運が悪いことにその日は雨が降っていて、外に逃げることもできなかった。最悪の日でしたよ」

仕方なく割った消しゴムを耳に詰めて、早めに布団にもぐった。

やがてビビアンが眠りにつき、夜が更けた。

ビビアンが目を覚ましたのは深夜を過ぎてのことだ。誰かに体を揺すられ、起こされたのだ。

「お嬢ちゃん、お嬢ちゃん」

目をこすり、父親かと思ったビビアンはその姿を見てギョっとした。それは父親が連れ帰ってきた知らない男だった。

即座にビビアンは危険を察知し、身構えた。

男はそんなビビアンに微動だにせず、しゃがみこんだままこちらを凝視している。

暗くて男の表情はわからなかったが、なぜだか眼だけが異様に光っていて自分を見ていることだけはわかる。

「しっ。声を出さないで。お父さん、寝ているからね」

声を出すなと言われなくても、声は出なかった。得体の知れない男に対しての恐怖から、体が強張り動かない。そばで父親が眠っているのは雰囲気で察したが、どう助けを求めればいいかわからなくなるほど混乱していた。

「心配しなくていい。俺はこれから帰るところだから。その前に君に渡しておきたいものがあるんだ、ほら」

そういって男は懐からポチ袋を取り出し、固まっているビビアンのそばに置いた。

「君のお父さんにはとてもよくしてもらった。初対面なのに警戒もせず。とてもうかつで危ういけど」

男は立ち上がり、笑い声なのか嗚咽なのかよくわからない声を上げ部屋を出た。そしてトイレに入ると続いて便器に嘔吐する汚らしい音がする。

そして数分ののち、玄関のドアが開閉する音で男が部屋から去ったことを知った。

血相を変えてビビアンは父親を揺り起こし、今あったことを説明しようとしたが父親は起きない。

翌日になって酔いが覚めた父に事情を説明し、渡されたポチ袋を見せた。

「世話になったから小遣いでもくれたんだろ。ありがたくもらっとけ」

笑いながらポチ袋の中身を覗いた父親の顔が一気に青ざめ、鳥肌が立つのがわかった。それは二日酔いのそれとはまるで違うと幼いビビアンにもわかったという。

「お父さんはポチ袋を返してくれませんでした。中に何が入っていたのかも教えてくれないんです。あの男の人とどこで会ったとかもなんだか支離滅裂な説明だし……」

ただ、ビビアンは一つだけ覚えていることがあった。父親が男を連れ帰ってきたとき、どの店で意気投合したのかを高らかに自慢していたのだ。

「行っても仕方ないと思ったんですけど、どうしても気になってその店を調べて行ってみたんです。なんのことはないどこにでもある場末の居酒屋でしたよ。でも……」

言いにくそうに口ごもったビビアンは、その店のすぐそばに訳アリの病院があることを告げた。

「関係があるのかどうかわかりませんけど」

そういった彼女の眼には、確信めいた光が宿っていた。

不怪

或る怪談作家がいる。

怪談蒐集はもっぱらネット経由で取材には行かないスタンスだ。コロナ禍でリモート需要が高まったため、蒐集は以前よりも効率的になったと話した。

原則謝礼は渡さないことをモットーにしていた。聞き取りの際には最初に説明し、難色を示されたらその時点で断った。だがそんなことはものともしないほど、彼のもとにはあらゆる怪談が集まってくる。

人前で語ることもしないので顔も割れていない。怪談作家というが蒐集した怪談を提供したり、他の作家が出す怪談本を監修したり、名前も表には出てこない人物だった。

彼が蒐集する怪談はかなり幅が広く多岐に渡る。背筋が凍り付く戦慄の怪談もあれば笑える怪談やエッチな怪談、泣ける怪談などなんでもござれだ。本人も蒐集した怪談の詳細な数は認知していないがざっと五百くらいはあるんじゃないかと言う。

私はこの怪談作家と話す機会があり、シンプルに『一番怖い怪談が聞きたい』とお願いをした。だが彼は『二番目ならいいよ』と言う。どうして一番はだめなのか聞くと『ろくなことにならないと思うから』と答えた。

よくある『聞いてはいけない話』というやつか、と内心溜め息を吐いた。手垢のついた手法の怪談だが嫌いではない。だがそれが一番というのもどうも……という気持ちがあったのは本音だ。

怪談作家は『誰にもしゃべったことのない話だからわからないんだよ』と言う。もちろん提供もしていない。自分の中だけに留めている話がひとつだけあるという。

根気強く聞き出そうとしたが駄目だった。どうしても聞きたいなら一筆書けとまで言われてしまい、ビビッてしまったのも敗因のひとつだ。

怪談作家はその内容こそ話してはくれなかったが、その怪談の曰くだけは教えてくれた。

この話の出所は複数ある。どれもネットから蒐集した怪談だが、まったく共通点のない人物からこれまた無関係の地域から寄せられた。それらは同時期に寄せられたものではなく、時期はバラバラだ。

『だから無理矢理〝この人たちが話を合わせて不定期に件の怪談を寄せている〟とこじつけることはできる。でもなんのために？　理屈としては可能だけど労力を考えると現実的じゃないと思うんだ』

つまりこういうことらしい。

〝ある怪談が別の人物から、別の土地から複数寄せられてくる〟。確かに気持ち悪い話だ。細かいディティールは違えど、彼らが語るその怪談の内容はほぼ同じ。そして異口同音に『はじめて人に話す怪談だ』と話す。

彼らは立場は違えど、『これは危ない怪談だから他人に話してはいけない』と言われて愚直なまでにそれを守ってきた。それがどういうわけかその怪談作家のところにだけは打ち明ける。どういう風の吹き回しなのかわからないが、それは異常なことだと思った。

『それでね、その怪談を提供してくれた人たちなんだけど一人たりとも連絡が取れないんだよ』

提供後、すぐというわけではない。だがある程度期間が経つと連絡が取れなくなる。ほかの怪談ではこのようなことはなかった。それだけにこの話が危険だという信ぴょう性につながる。

『僕は心霊支持派でも否定派でもないんだ。だから心の半分で〝そういうものがいるかもしれない〟とも思っている。だからこの話はね、危ないからしたくない。内容自体は大したことのない話さ、どこにでもあるような不思議な話。だけど構成がすべて一緒という話は聞いたことがない。だから危ないんだ』

そう言って彼はこれ以上話すことをやめた。そこからはきっと話の内容に関わってくるからだろうと思う。

『昔から話すだけで危ないという怪談は存在した。そういう怪談が有名にならないのは本当に危険だからだ。なぜなら話した人間はなんらかの不幸に遭うのだから口が堅くなる。広がりようがないということだね。僕はこの話がその系統のものだと確信している。色々と不思議なことはあるけどそれよりも僕が怖いと思っていることがあるんだ』

現在もこの怪談作家の元にはその話が別々のところから寄せられてくる。まるで件の怪談のほうから彼にすり寄ってくるように。

『ＳＮＳは危ないね。なんかの間違いでこの話が拡散されたら……と思ったら心から怖ろしいよ』

コロナ禍を経験したからこそ、彼の言葉は重かった。よくないものは一番怖ろしい形で拡がるのだ。

なんでもほどほどで留めておくのが賢明なのかもしれない。

コラム

心霊写真今昔

Rollei F&H
ROLLEICORD
DBP
DBGM
SYNCHRO-COMPUR
FRANKE & HEIDECKE
BRAUNSCHWEIG

『心霊写真がなくなる』という噂がその昔あったことをご存じだろうか。

噂の根拠は、二〇〇〇年代初頭に波及的に拡大した〝デジタルカメラ〟の登場によるものである。

なぜデジタルカメラの登場で心霊写真の存在が危ぶまれていたのか？

それを語るにはまず心霊写真の歴史から紐解いていきたい。

心霊写真の歴史は古い。確認されている最古のものは一九世紀の半ばだと言われている。人類が写真を発明して間もなくしてすでに登場していたことになる。心霊写真としては初代アメリカ大統領エイブラハム・リンカーンが死後、妻の写真に写り込んだと言われている一枚がもっとも有名だ。

信ぴょう性はさておき、偉大なアメリカの父が妻の写真に現れたとあれば誰もがその背景にある物語を想像する。心霊写真にはそういう見方もあるのだ。

ともあれ心霊写真の出自が意外に古い、ということはおわかりいただけたかと思う。しかしあくまでこれは世界に目を向けた話であり、写真史においての心霊写真の位置づけに他ならない。前出のリンカーンの心霊写真は一八七〇年前半に撮影されたものである。そもそも写真が発明されたのは一八三九年。五一年からは加速度的に発展していった。その途上で知名度を上げた一枚が件の写真だ。それが海を渡って日本にまで届くのは考えにくい。

一八七〇年ごろといえば明治時代がはじまったあたりである。長かった江戸時代が終わり、新時代の波に誰もが戸惑いと期待を抱いていた時代。仮にリンカーンの心霊写真が伝わっていたとして、民間にまでそれが下りてくるのは難しい。仮に知っているものがいても話が広がることはないだろう。

そもそもこの時代に【心霊写真】という言葉すら存在しない。

日本で心霊写真という言葉がポピュラーになるきっかけになったのはそれから百年余りも経った一九七〇年代。つのだじろう『うしろの百太郎』がブームの火付け役となり、それを後押しするように日本テレビが夏休み期間に狙いを定め、『あなたの知らない世界』の放送を開始する。どちらもメインは漫画本編や再現ドラマであるが、いちコーナーだった心霊写真特集が特に人気を博す。心霊写真特集を組んだ雑誌も飛ぶように売れた。昭和のオカルトブームの到来である。

同じくしてホラー映画も活況を見せる。『エクソシスト』、『オーメン』、『ゾンビ』、『悪魔のいけにえ』、『ハロウィン』など挙げだしたらキリがないほど傑作がこの世に生まれ落ちた。まさにオカルト元年、ホラーの夜明けである。

八〇年代に入りこっくりさんをはじめとした降霊術が流行し、さらには超能力、UFOも登場した。ついに民間にまでオカルトが入り込んだ時代である。オカルト渋滞と言ってもいいほどコンテンツは氾濫していた。週末のテレビではホラー映画がノーカットで放映されていたし、さらに深い時間になればポルノ番組もあった。今と比べて大らかな時代だったが、いい時代だったかと言われれば、なんとも言えない。とにかく今よりも色んなものが自由だった。多少の浮き沈みをしながら、九〇年代半ばまでそれは続く。

心霊写真に話題を戻すが、オカルトブームはタレント霊能者を生み、彼らはテレビを中心に大いに活躍した。彼らが持ち寄る心霊写真はそれまでの露光を疑う微妙なものや、ぼんやりと人型のシルエットが見える……などといった従来の心霊写真とは一線を画した、はっきりと視える過激なものだった。

これが起爆剤となり何度か下火になった心霊写真ブームは息を吹き返す。タレント霊能者たちはあちこちの番組に引っ張りだこになり、心霊スポットという言葉が生まれたのもおそらくこのころで全国津々浦々の心霊スポットに訪れてはその場で心霊写真を撮影した。

心霊写真と心霊スポット、聞いただけで親和性の高さが窺えるこのふたつのコンテンツは思わぬ影響を生んだ。番組を観た視聴者が実際に足を運び、近隣住民から苦情が寄せられるようになった。実際、そこで心霊写真が撮れたかどうかはさておき、社会に悪影響を及ぼすようになると供給する側は火消しに回る。だが後手後手の対応に鎮火は到底及ばず、次第に心霊特番は鳴りを潜めていくようになった。

同じころ、心霊写真もまた転換期を迎えることになる。カメラがフィルムからデジタルに切り替わろうとしていた。

それまで強引に露光やそう見えるだけのもの、手ブレを火の玉や霊だと主張していた写真は、デジタルカメラが普及することで絶滅する。なにしろデジタルカメラはフィルムではないので露光の心配はないし、手ブレ補正機能もある。初期のデジタルカメラならまだしも高精細のカメラでは曖昧なものは写りづらい。

それはこれまでの心霊写真とされていた大半が『カメラの性能によるこじつけ』であり、すなわち『偽物である』と告白しているようなものだ。もしもそれらの写真がすべて本物なのだとしたら、そもそもこんな懸念は生まれないし『心霊写真がなくなる』という論調にはならない。

我々受け手としても突如として心霊写真の新作がまったく生まれなくなれば自然と「なあんだ嘘だったのか」ということになる。デジタルカメラになったからといって心霊写真が撮れなくなるということがオカルト業界にとって大ダメージになることは火を見るよりも明らかだった。

事実、二〇〇〇年に入ってからは極端にそういった写真が出てこなくなった。時代と共に規制や自粛ムードも高まり、真偽の曖昧なオカルト番組は激減。『あなたの知らない世界』もやらなくなってしまった。心霊写真は過去のものとなりつつあった。

しかし、多くの予想を裏切り二つの番組が火の途絶えかけたオカルト界に新風を巻き起こす。『奇跡体験アンビリバボー』と『USOジャパン』だ。

これらの番組が心霊写真を扱ったことで二〇〇〇年代に心霊ブームが再来する。(オカルトブームに非ず)

二つの番組が扱った写真は、心霊的に実に魅力的で過激なものだった。従来のぼんやりと写っているようなものではなく、はっきりとこの世ならざるものの姿を捉えていたのだ。これには当時のオカルトファンは衝撃を受けた。さらに怪談界にも新風が巻き起こる。インターネットの普及に伴い、【都市伝説】、【ネット怪談】が爆発的に拡がったのだ。

個人が簡単に情報を発信できるインターネットでは、様々な新しい怪談が飛び交い、そして例の番組が起爆剤となり過激な心霊写真もあちこちで見られるようになった。オカルト系のサイトが至る所で開設されかつては消えかけていた火が嘘のように高い火柱をあげるようになった。

カメラからデジタルカメラに転換したことで『心霊写真はなくなった』のか？

多くの懸念を覆し、答えは『ＮＯ』となった。

しかし、心霊写真に対する懐疑的な目がやわらかくなることはなかった。むしろ、より疑いは強くなったと言えるだろう。

心霊ブームの火付け役に『呪いのビデオ』シリーズは外せない。九九年から脈々とシリーズが続く、今となっては老舗ブランドだ。心霊写真の上位互換とも呼べる、【心霊動画】の登場だった。このインパクトは凄まじかった。

心霊写真が激減したのと入れ替わるように心霊動画が登場したのである。結果、心霊写真が再び息を吹き返すまでオカルト界を心霊動画がけん引したことは想像に難しくないだろう。

しかし、ブームというのは多くの模倣品を生む。どれもが一定の水準を保ってくれればいいが、哀しいかなそうはいかないのが現状だ。ひと目見て〝やらせ〟や〝偽物〟だとわかる劣化品が横行し、それが視聴者の目の厳しさにつながった。

動かない心霊写真は過激になればなるほど加工を疑われるようになったのだ。デジタルカメラがフィルムカメラに成り代わって約三〇年。技術は進歩し、個人レベルで画像の加工が容易になった。動画も然りである。

反面、『これらはすべて作り物である』という暗黙の了解の前提で楽しむ……というのもひとつの楽しみ方になっているのは、ある意味で新しい見方が生まれたとも言えるのではないか。

だからこそ『やりすぎると白ける』という副作用はある。いくら精巧に加工してもわざとらしかったり、鮮明すぎると逆に嘘も鮮明になってしまう。すべてが作りものだと決めつけるのは早計だが、そういった絶妙な塩梅が真実味を生むのだ。

心霊写真にはフィルム時代のころに跋扈（ばっこ）したようなものは少なくなった、というのは先に述べた通りだがエクトプラズムを写したものもほぼなくなったように思う。私の記憶が正しければ、エクトプラズムを激写した写真は九〇年代以前はとても多かったように思う。

エクトプラズムとは霊体が可視化したもので、生きている人間のエネルギーだという説がある。多くが人物の鼻や口、耳などから不自然な煙状に吐き出される白い物体だ。上に立ち昇るなら湯気や煙だと断定もできようものだが、ほとんどがそういった常識を無視するように下に降りていたり、宙を漂ったりしている。

エクトプラズムは、見た目はただの白い靄のような物体なので一切怖さはないが九〇年以前の心霊写真にはエクトプラズムが頻繁に出てきていた。それがデジカメ世代になってからはまるで見なくなったのはどういう意味だろうか。

露光や手ブレなどというものとはまるで異質な現象だと思っていたが、もしかするとエクトプラズムにはからくりがあったのか、それとも単に飽きられたのか。

エクトプラズムといえば、デジカメ世代になってから頻繁に写るようになったものもある。オーブだ。

以前からあるにはあったが、オーブがフィーチャーされることは稀だった。埃や虫がそう見えるだけという大多数の意見もあったからだと思うが、デジカメ世代になってからの心霊写真ではオーブは常連と言っても過言ではない。ただし、九〇年以前のよく写るものと比べて違うのは、オーブは動画にもしっかり写ることだ。だいたいが宙を飛んでいたり、浮いていたりするので埃・虫説は根強いが、そうとは言い切れない軌道で浮遊するものもあってひと口に違うと切り捨てられない。

露光のような写真にしても当時は「それでは説明できない」と言われていたものもあったし、手ブレやそう見えるものに関しても写真によっては「それにしてもおかしいな」と思わせるものもあった。数こそ少ないが、中には本物があった——と思うのがオカルトファンとしては正しい見方なのではないかと思う。

しかし、高性能だからこその不可解な事象もある。例えば顔認識。本著の中にも顔認識にまつわる怪談を収録したが、これなどはまさに現代ならではの怪談であり、新時代の心霊写真でもあると思う。画像加工ソフトで加工が容易くなったが、逆に肉眼では確認できなかったものを可視化することも可能になった。

なにもない背後の闇の明度を上げることで人の顔が浮かびあがったり、逆に下げることで写真全体に何者かのシルエットが浮かんだ写真もある。

カメラが世代交代するように人もまた世代交代がある。三〇年前に死んだ人間もいれば、今日死ぬ人間もいる。要は幽霊にも世代交代があるのだと言いたい。そう考えればデジカメ世代の人間が死んでもデジカメに対応できるというのは至極当然のことではないか。それに今を生きる人間が常に学習し進歩していくのに、幽霊が学習しないとは限らない。もしかするとフィルム世代の幽霊でも学習してデジカメに写るよう変化しているのかもしれない……と思うのはいささか飛躍しすぎだろうか。

なんにせよ、心霊写真とは浪漫と恐怖が同居するとてもいいものだ。

『カメラ』の語源は、ラテン語で『部屋』を意味する。あくまでひとつの考え方だが、この世ならざる者……幽霊はカメラに写っているというより、その部屋の中にいる、もしくは入り込んでいるのではないか。心霊写真の中には時と共に変化するものも存在していて、シンプルに受け取るなら写真の中に幽霊がいてそこで時間を過ごしているという可能性もなくはない。

そもそもとして人類が霊について解明していない以上、仮説を立てるのは自由だ。人は死したあとどうなるかもわからない。その指標を打ち出しているのは国々で伝わる宗教のみである。つまるところがどれも「よくわからん」ということ。心霊写真も「よくわからん」ものでいいし、幽霊も「よくわからん」から面白いし怖い。怪談もまた「よくわからん」ものであっていい。人はよくわからんものに惹かれるのだ。ならば本もひとつの箱として仮定すればもしかするとこれも「部屋」になるかもしれない。なにしろ物語や知識を閉じ込めているのだから、部屋というよりひとつの世界だ。そこに人がいるのは当然だし、それが我々にとって「よくわからん」ものであるのならばここにもきっと幽霊が住んでいる。心霊本……読んだら呪われる本。なんと蠱惑的な響きか。

この先、どのように人類の進歩によって時代に変化が訪れても、根本が人間である以上心霊も同じように適応していくのだろう。一説によれば、霊体は電気や電波と性質が似ているという。だから電化製品や電話・ラジオなどと相性がいい。思い返せば、テレビ、電話、ラジオ、ステレオ、エアコン、冷蔵庫に至るまで家電製品にまつわる怪談は事欠かない。この世から電気がなくなれば、案外霊はなくなるのかもしれない。

仮にそうなったとしたら、電気のない生活は非常に不便だし、幽霊がいない世界は実に退屈だ。やはりよくわからんものはよくわからんままにしておくのが一番いいように思う。

なお、本稿では心霊写真の真偽については言及せずに書いた。あしからず。

おわりに

どうも最東です。

最後まで読んでいただきありがとうございます。お楽しみいただけたでしょうか。

本著は『うさん臭さ』を強く意識して書きました。怪談にはうさん臭いものがたくさん出てきます。本当か嘘かわからないけど、不気味で怖い話。もっと知りたいのに唐突に終わったり、もっと怖がりたいのに勿体つけて終わったり、オチもあるんだかないんだかわからない。出てきた謎は一切解き明かされないし、そもそもどうしてその怪異が起こったのか原因もわからない。そんな不確定・不安定さが『うさん臭さ』なのです。

そのうさん臭さには私も覚えがあります。子供の頃に読んだ心霊写真大百科、学校七不思議、恐怖体験ｅｔｃ……。それだけじゃありません、毎月のようにやっていたテレビの心霊・オカルト特番。子供心を震え上がらせるうさん臭さの宝石箱でした。

本著は怪談本でありながら、そんなうさん臭さが出せればと思い『読む心霊特番』を目指し書き上げました。読者のみなさまにはそれが伝わっていれば幸いです。

手軽に怖がれる短い怪談話を中心に、三つの中型のコンテンツを差し込んだのはまさに心霊写真大百科シリーズやテレビの心霊特番を強く意識したからです。この構成は今も踏襲しており、数は減ったとはいえ時々放送される心霊特番では短い心霊動画とロケ、再現ドラマを差し込んだパッケージが多いです。本著はそのパッケージをそのまま本にしました。

怖がって読むも、笑って読むも、どちらも正しいかと思います。楽しんでいただけたならそれ以上のものはありません。

コラムでも触れた通り、心霊動画、心霊写真、ホラー映画、ゲーム、そして怪談……。どのコンテンツもこれまでにない盛り上がりを見せています。映画『リング』をきっかけにして大流行したJホラーブームや、七〇年代から続くオカルトブームには及ばなくとも局地的な爆発力は案外現在のほうがあるのかもしれないと思っています。

本著のようなパッケージの怪談本が今後増えてもおかしくない。いや、そうなってほしいと思いつつ、ひとまずは読者のみなさまに万感の謝意を。
ありがとうございます。

最東対地

恐怖ファイル 不怪

2022年3月7日　初版第一刷発行

著者……………………………………………………………………………最東対地
カバーデザイン……………………………………………… 橋元浩明（sowhat.Inc）

発行人…………………………………………………………………………後藤明信
発行所………………………………………………………………株式会社　竹書房
〒102-0075　東京都千代田区三番町8-1　三番町東急ビル6F
email: info@takeshobo.co.jp
http://www.takeshobo.co.jp
印刷・製本……………………………………………………中央精版印刷株式会社